KB149568

웹소설 탐구

웹소설 탐구

우리는 왜 웹소설에 열광하는가

초판 1쇄 펴낸날 | 2020년 3월 31일

지은이 | 유정원
펴낸이 | 류수노
펴낸곳 | (사)한국방송통신대학교출판문화원
　　　　03088 서울특별시 종로구 이화장길 54
　　　　대표전화 1644-1232
　　　　팩스 02-741-4570
　　　　홈페이지 http://press.knou.ac.kr
　　　　등록 1982년 6월 7일 제1-491호

출판위원장 | 백삼균
편집 | 신경진 · 김경민
디자인 | 티디디자인

ⓒ 유정원, 2020
ISBN 978-89-20-03664-4 04080

값 7,900원

아로리총서 ː 문화와 트렌드 – 6

웹소설 탐구

우리는 왜 웹소설에 열광하는가

유 정 원

지식의날개

인간은 왜 이야기를 만들고 그것을 다른 사람에게 들려주고 싶어 할까?

아주 오래전 인류 문명의 초창기부터 인류는 일상을 소재로 이야기를 만들어 왔다. 세상이란 어떻게 만들어진 것일까? 밤낮은 왜 바뀌고, 홍수는 어떻게 발생하며, 일식과 월식은 또 왜 나타날까? 과학혁명으로 인간이 자연 현상을 논리적으로 설명할 수 있게 되기까지 인류가 문명을 이룬 곳에서 공통적으로 발견되는 세상의 시작에 대한 신화와 전설, 그리고 불가해한 자연현상에 대한 무수한 이야기를 만들어 낸 이유는 무엇일까? 이야기가 인류의 탄생과 함께한 것이라면 이야기를 만들고 이야기를 다른 사람에게 전달해 주려는 유전자가 인간에게 내재되어 있는 것은 아닐까?

권력자 혹은 지배자들은 통치나 사회통합을 목적으로 신화와 전설을 만들어 낸다. 후손에게 윤리적 교훈을 학습시키기 위한 목적이나 저잣거리에서 사람들을 즐겁게 해 주기 위한 목적으로도 이야기는 창조된다. 이야기는 입에서 입으로, 세대에서 세대를 넘어 현재까지 이어지고 있다. 하지만 이야기는 전달 과정에서 더 많이 사라지고 잊힌다. 우리는 어느 순간 구전보다는 기록에 의존하여 이야기를 기억하게 되었다.

전근대 시대에 글과 문자는 일부 계급이 독점하던 문화 권력을 상징했다. 보편교육이 정착하기 전까지 글을 배우고 쓸 수 있다는 것은 엄청난 특권이었으며, 사회·경제적으로 높은 지위를 가진 사람에게만 향유된 고상한 일이었다. 따라서 이 고상한 수단을 가지고 고작 이야기를 기록하는 일은 한동안은 그다지 높은 평가를 받지 못했다. 이야기를 쓰고 읽는 행위를 글을 겨우 배운 상인 계층이나 여성의 소일거리 정도로 치부하는 풍토가 꽤 오랫동안 이어졌다.

그러다 종교나 신분이 지배하는 세상이 종식을 고하고 시민 계층이 새롭게 태동했다. 시민으로까지 문화 향유 계층이 확대되면서 더 많은 자본이 문화를 창조하고 전파하는 데 쏟아져 들어왔다. 이로써 상업적인 대중문화가 싹을 틔우기 시작했다. 신문, 잡지, 서적을 매개로 이야기는 더 많은 대중과 만날 수 있게 되었다. 그리고 인쇄매체의 보급으로 많은 이야기꾼과 독자가 양산되었다. 대중의 지지를 받으면서 이야기를 만들어 내는 작가와 이야기의 위상은 그 이전에 비해 훨씬 높아졌다. 물론 이제 이야기를 만들고 이를 읽는 행위는 수익을 창출하는 사업이 되었다.

흔히 자본가에게는 국가와 민족도 없고 오로지 이익만이 관심사항이라고 한다. 그렇다면 이제 누구나 어떤 이야기라도 독자의 수요를 만족시킨다고 한다면 '책'이 될 수 있을까? 그러나 봉건적인 신분제가 허물어지고 있던 시기에도 문화 권력은 여전히 작동하고 있었다. 제인 오스틴은 1797년에 《오만과 편견》을 완성하여 출판사에 보냈으나 출판사에서 어떠한 답장도 받지 못했다. 오랜 기다림 끝에 그녀는 1811년 《이성과 감성》을 익명으로 출판했다. 샬럿 브론테는 1846년 첫 번째 장편소설 《교수》를 완성하지만 어느 출판사도 출간을 맡지 않았다. 물론 시간이 흘러가면서 상황이 점점 더 나아져 이야기를 쓰고 출판할 수 있는 기회가 보다 더 공평하게 제공되고 있기는 하다. 하지만 1928년 버지니아 울프는 《자기만의 방》에서 여성이 여전히 교육의 기회를 박탈당하고 있으며 책을 출간하는 데 불공평한 사회적 위치에 처해 있고 글쓰기로 생계를 유지할 권리 자체가 허용되지 않는다며 일갈한다. 종교적 금기와 정치권력의 독점이 사라지자 이제는 자본과 문화 권력이 글을 공유하고 전파하는 일을 허락하고 승인하는 역할을 담당하게 되었다.

비록 내가 이 글에서 사회구조적 불평등이 문화계에 미치는 영향을 여성 작가의 사례를 들어 설명하고 있으나, 사실 이것은 비단 여성만의 문제가 아니다. 작가들은 자신의 이야기를 대중에게 전달하기 전에 반드시 '매체(media)'를 장악하고 있는 권력자, 혹은 보다 더 가치중립적인 표현으로 '책임자'의 승인을 받아야 한다. 특정 정치권력이 매체를 좌지우지하는 경우에 그들은 대중에게 이야기를 전달하기 전에 이 이야기가 자신들의 권력 기반을 흔들 만한 불온한 사상을 담고 있지는 않은지 사전에 검열하려고 든다. 상업자본이 매체를 장악하고 있는 경우라면 그들은 이른바 '전문가'를 동원하여 작가의 이야기가 과연 그들에게 충분한 수익을 만들어 줄 수 있는지를 분석하게 한다. 그 과정에서 대중은 어떤 식으로든 선별된 이야기를 '책'으로 만나게 된다.

자, 그런데 여기 새로운 세상이 도래했다. 검열 혹은 선별이라는 높은 문턱 위에서 좌절했던 수많은 이야기가 빛을 볼 수 있는 가상공간이 열린 것이다. 바로 인터넷 세상이다. 이곳에서는 누구나 특별한 자격 심사 없이 자신의 이야기를 쓰고 공유할 수 있다. 인터넷을 매체로 한 글쓰기의 원초적인 목적은 바로 자신이 '쓰고 싶은 것을 쓰는 것'이니까. 이러한 이야기가 얼마나 '문학적 가치'가 있는지는 일단 논의에서 제외한다. 왜냐하면 이들이 추구하는 것은 고귀한 문학적 성취는 아닌 것 같으니까. 초창기 인터넷에 올라오던 이야기의 대부분은 쓰고 싶은 이야기가 있는 사람들이 창작한 것이다. 이러한 행위는 일종의 놀이였다. 이 놀이는 '책'이 가진 엄숙함과 진지함을 그간 어려워했거나 금전을 지불하지 않고 이야기를 즐기고 싶어 하는 인터넷 이용자의 적극적인 지지를 받게 되었다. 기성세대가 보기에 의미도 없고 가치도 없는 흡사 낙서와 별반 차이가 없는 듯한 이러한 글 중에서 일부는 가상공간을 넘어 대중적인 인기를 획득했다. 그러자 문화 권력자들은 인터넷 창작물을 기존 매체에 적용하여 상업적 이익을 취득하는 데 관심을 갖게 되었다. 가상공간에서 전문 작가가 아닌 본래 독자로 문화의 수용자였던 계층이 이제는 창작자의 역할도 담당하게 된 것이다. 이처럼 창작자이자 소비자인 프로슈머가 대거 등장하면서 쓰고 읽는 활동이 인터넷 공간에서 활기를 띠기 시작했다.

　스마트폰의 보급은 인터넷 공간을 다시 모바일 공간으로 확장했다. PC보다 휴대가 간편하고 접근이 용이한 모바일 인터넷은 이제 '가상공간의 글쓰기'를 '산업'의 영역으로 탈바꿈시켰다. 초창기 인터넷 글쓰기는 인터넷 커뮤니티를 중심으로 일종의 동호회와 같은 형태로 성장했다. 특정 인터넷 커뮤니티에서 화제가 되면 속칭 '퍼 가기'의 형태로 다른 사이트에 무한히 복제되면서 확산 속도도 빨랐다. 글을 쓰고 이를 확산하는 활동은 매우 개인적인 차원에서 진행되었기 때문에 글을 쓰는 사람과 읽는 사람 사이의 거리가 거의 존재하지 않았다. 따라서 인터넷 창작물에 대한 권리가 거의 지켜지지 않는 상황이었다. 그러다 인터넷 콘텐츠가 플랫폼을 중심으로 제공되는 체계가 정착하면서 작가와 독자의 지위가 새롭게 정립되기 시작했다. 스마트폰이 확산되면서 인터넷 서비스 업체 간 경쟁이 치열해지고 애플리케이션 제작 등 사용의 편의성이 향상되면서 이러한 경향은 한층 더 가속화되었다.

플랫폼을 중심으로 한 인터넷 글쓰기에서 작가와 독자의 경계는 과거에 비해 뚜렷해졌다. 작가의 저작 활동이나 창작에 대한 권리도 정착되었다. 독자가 작품을 구매해 읽게 되면서 작가와 서비스 업체 간의 수익분배도 심심치 않게 논쟁거리로 떠오르고는 한다. 서비스 업체는 접근성이나 가독성을 향상시킬 수 있는 디자인으로 플랫폼이나 애플리케이션을 제작하여 독자에게 제공한다. 과거 출판사가 책을 디자인하고 인쇄하여 판매했던 것처럼 이제는 인터넷 서비스 업체가 그 역할을 대신한다. 활자 인쇄물이 독자에게 전달되려면 제작과 유통에 많은 비용이 소요된다. 그에 비해 인터넷을 통한 제작과 보급은 비용 절감 효과가 상당히 크다. 따라서 앞으로는 인터넷을 통해 더 많은 콘텐츠가 제작되고 유통될 것이다.

스마트폰이 PC를 대체하고 인터넷 서비스 업체가 제작한 플랫폼이 이야기의 유통을 담당하면서 이제는 '웹소설'이라는 명칭이 더 광범위하게 사용되고 있다. '웹소설'은 이야기를 창작하고 유통하며 소비하는 새로운 방식이다. 매체의 특성에 맞추어 창작 방식, 독서 형태, 유통 방법이 변화했다. 그런 까닭에 21세기를 살고 있는 우리에게 웹소설은 새로운 기술 환경 아래에서 우리가 어떻게 이야기를 향유하는지를 다각적으로 관찰할 수 있는 흥미로운 대상이라고 할 수 있다.

그리하여 이 책에서는 웹소설을 쓰고, 읽고, 유통하는 사회문화적 활동이 가지는 의미에 대해 이야기해 보려고 한다. '웹소설'은 21세기 대중문화의 새로운 양상이다. 이제는 일상으로 느껴지는 이 새로운 대중문화는 우리에게 과연 어떤 의미가 있을까?

2020년 봄 유정원

차례

시작하며   4

c h a p t e r 1

'욕망'이라는 이름의 인터넷

은밀하게 드러내기   14

인터넷 시대의 콘텐츠   16

저자와 독자의 경계가 사라지다   19

c h a p t e r 2

웹소설의 매력 탐구

인터넷에서 쓰고 싶은 이야기를 쓰세요   28

웹소설 장르의 뿌리를 찾아서   31

확고한 취향을 저격하라   34

장르의 법칙과 변주   37

새로운 서사의 등장   49

플랫폼의 나침반, 해시태그   57

클리셰를 극복하기 위하여   66

chapter 3

웹소설 국내 사례: 게임소설《달빛조각사》

게임에 빠진 세대 72

게임, 소설을 품다 76

MMORPG의 스토리텔링 81

《달빛조각사》의 성공 90

《달빛조각사》속 영웅 서사 97

《달빛조각사》의 IP 활용 101

《달빛조각사》의 스토리 월드 107

chapter 4

웹소설 해외 사례: 중국 역사소설《랑야방(琅琊榜)》

대중문화 콘텐츠의 보고 112

중국의 웹소설 현황 115

웹소설에서 웹드라마로 118

고전이 된《랑야방》 121

책을 마치며 131

참고문헌 133

'욕망'이라는 이름의 인터넷

'욕망'이라는 이름의 인터넷

은밀하게 드러내기

미국의 신경과학자인 오기 오가스와 사이 가담(2011)은 인간의 성적 욕망에 대한 연구를 계획했다. 그러나 고도의 문명화된 사회에서 현대인은 어린 시절부터 자신의 감정이나 욕망을 타인에게 그대로 드러내는 것이 예의에 어긋난 행동이라는 교육을 지속적이고 반복적으로 받아 왔다. 그런 까닭에 현대인이 꽁꽁 감춰 두고 있는 욕망에 대해 신뢰할 수 있는 과학적 데이터를 얻는 것은 쉽지 않다. 흔히 '관찰'은 과학적 데이터를 얻는 가장 좋은 방법이라고 하지만 연구자가 사생활 보호에 대한 개인의 권리를 무시하고 개인의 일상과 비밀스러운 생각을 마구 들여다볼 수는 없다. 실제로 과거에 그런 연구윤리에 저촉되는 연구가 이루어진 적도 있기는 하지만 21세기를 살고 있는 오기 오가스와 사이 가담이 이제 와서 그런 비윤리적 연구를 수행할 수는 없는 노릇이다. 그래서 두 사람은 사람을 직접 관찰하는 대신 인터넷을 관찰하기로 결정했다. 이러한 선택은 살아 있는 사람을 연구 대상으로 한다는 윤리적 문제에서 자유로울 뿐만 아니라 훨씬 효율적이기도 했다. 인터넷은 욕망의 거대한 분출구이니까 말이다.

오기 오가스와 사이 가담(2011)은 인터넷에 남겨진 흔적인 검색어, 조회 기록, 태그, 댓글을 통해 사람들이 겉으로 드러내지 않던 욕망의 궤적을 추적하는 데 성공했다. 그들은 인터넷 덕분에 사람들이 어떤 욕망을 갖고 있는지에 대해 유례가 없을 정도로 많은 자료를 수집할 수 있었다고 밝혔다. 예를 들면, 사람들에게 인터넷 검색엔진은 무슨 소원이든 들어주는 디지털 세계의 '지니'와 다름없다. 사람들은 키보드 앞에 앉아 자신이 찾고 싶은 것을 검색창에 입력하기만 하면 컴퓨터 화면은 그것을 그대로 보여 준다. 메타검색 서비스인 도그파일은 서치스파이라는 웹사이트를 함께 운영하는데, 서치스파이는 사람들이 도그파일을 이용하여 무엇을 검색하고 있는지를 실시간으로 보여 준다. 오기 오가스와 사이 가담(2011)은 실시간으로 서치스파이 화면을 들여다보면서 마치 정처 없이 흘러가는 인간의 의식을 창문으로 바라보는 느낌이었다고 소회했다. 검색어 중에는 물론 '사람들이 이런 것까지 상상한단 말이야?'라고 깜짝 놀랄 만한 것도 있었다.

일부 사람들은 은밀한 개인의 취향이 인터넷상에서 보호받지 못하고 고스란히 드러나는 현실에 불안감을 느낄 수도 있다. 다른 한편에서는 인터넷이 여과 없이 인간의 내재된 욕망을 드러내어 사회 질서를 위협한다고 걱정하기도 한다. 이와 같은 걱정과 우려가 터무니없는 것도 아니다. 다른 사람에게 쉽게 관찰당하고 있다는 위험을 인지하지 못하면서, 혹은 인지하더라도 어쩔 수 없다고 체념하면서, 혹은 적극적으로 관음증의 대상이 되기를 희망하면서 우리는 인터넷에 무언가를 검색하고 무언가를 적어 내려간다.

사람들이 인터넷에 무언가를 쏟아 내기 시작한 것도 인터넷의 양면성이 주는 매력 때문일 것이다. 인터넷은 '은밀하게 드러내기'에 최적화된 매체이다. 그것은 사적인 영역이자 보이지 않는 선으로 다른 사람과 연결해 주는 공유된 네트워크이다. 사람들은 자신을 드러내지 않고, 현실 세계에 차마 드러내지 못했던 진짜 자신으로 다른 사람과 연결될 수 있다고 기대하며 인터넷에 접속한다. 온라인 세상에서는 현실 세계에서 느끼는 책임감과 체면, 혹은 쑥스러움에 얽매이지 않아도 된다. 인터넷은 인간이 자신을 둘러싼 굴레에서 벗어날 수 있게 도와준다. 그렇게 굴레를 벗어던지고 현실세계에서 감히 할 수 없었던 상상을 인터넷은 실현 가능한 것으로 만들어 주고 있다. 인터넷은 우리를 어디로 이끄는 것일까?

인터넷 시대의 콘텐츠

기존에 존재하지 않았던 새로운 오리지널(original)을 만드는 것이 목표인 사람들이 있다. 고상한 예술가 그룹의 일원인 그들에게 원전(오리지널)이 아닌 것은 싸구려 복제품에 불과하다. 인터넷 콘텐츠는 바로 그 싸구려 복제품의 전형이다. 어디서 기원한 것이지도 모르는 잡다한 짜깁기가 바로 웹에 떠도는 콘텐츠이다. 이런 콘텐츠를 좋아하는 대중도 이들에게는 한심하기 짝이 없다. 그들은 본래부터 '많은 사람이 좋아하는 열등한 작품들', '일반인의 선호에 일부러 맞춘 작품들'을 고급문화의 반대라는 의미로, '대중문화'라고 불러 왔다.[1]

고상한 예술가들의 비난이 꼭 억울한 것도 아니다. 엄밀하게 말하면 인터넷 콘텐츠의 생성 원리와 존재 양식은 대중문화의 창작 방식과 궤를 같이한다. 인터넷 콘텐츠는 링크로 연결된 하이퍼텍스트를 기반으로 하며 기존 콘텐츠를 활용하여 부분 접합과 재구성을 통해 맥락과 의미를 만들어 낸다. 인터넷의 보급으로 대중 스스로 자기 구미에 맞춰 텍스트를 접합하고 재구성하면서 반복과 복제, 변주를 통해 인터넷 콘텐츠를 생성해 내기 시작했으니, 이게 대중문화가 아니면 무엇이 대중문화란 말인가?

인터넷상에 존재하는 모든 정보 소스를 링크로 연결하는 하이퍼텍스트는 인터넷 콘텐츠의 창작 방식임과 동시에 존재 방식이다. 인터넷 공간에서는 링크와 링크로 연결된 인용, 표절, 모방, 복제, 각색이 난무하면서 콘텐츠의 소비자가 곧 생산자가 되는 시대가 열렸다. 무수하게 연결된 링크로 사실 누가 창작자였고 누가 소비자인지를 명확하게 구분하는 것도 어려워졌다.

일각에서는 이러한 인터넷 콘텐츠는 결국 각색된 것, 즉 모방에 불과할 뿐 창작은 아니라고 폄하하기도 한다. 그러나 세상에

---

1 대중문화에 대한 정의는 존 스토리(2012), pp. 24~38을 참조했다.

순도 100%의 오리지널이란 것이 과연 존재할 수 있을까? 원래 창작이란 것이 기존 콘텐츠의 반복적인 모방과 재구성, 변주를 통해서 등장하는 것이 아니던가? 가령 셰익스피어의 작품은 민담과 전설의 변주이며,《제인 에어》는《오만과 편견》의 주제를 반복한다. 그러나 누가 셰익스피어의 작품을 모방이라고 하고 《오만과 편견》을 표절이라고 할까? 셰익스피어와《오만과 편견》은 오리지널이다. 연극, 영화, 음악, 발레, 미술, 비디오 아트 등 여러 매체가 참고하면서 끊임없이 새로운 의미를 창출해 내고 있는 원전이다.

인터넷 공간은 원전과 복제의 구분 자체가 소멸한 '시뮬라시옹 (simulation)'[2]의 공간이다. 인터넷에 난무하는 콘텐츠는 무엇이 원전이고 무엇이 모방인지 그 경계가 소멸되어 복제품이 원본보다 더 원본같이 존재하는 공간이다.

프레드릭 제임슨은 복제품을 실재인 것으로 착각하고 복제품을 다시 모방하는 대중문화를 '텅 빈 패러디'나 '공허한 복제'라고 비판했다. 예를 들어 미국의 1950, 1960년대를 배경으로 하는 영화를 만들면서 실제 1950, 1960년대 미국에 관한 사회문화 자료를 분석하여 '진짜' 과거를 재현하려는 노력은 하지 않고 기존

---

2 시뮬라시옹에 대한 설명은 장 보드리야드(2001)를 참조했다. 보드리야드는 실재와 교환되지 않는 이미지, 즉 존재하지 않은 것의 이미지를 시뮬라크르라고 명명했다. 재현이 지금 당장 현실이 아닌 것을 다시 현실로 만드는 것을 지칭한다면 시뮬라크르는 이미지가 그것이 무엇이든지 어떤 사실성과도 무관한 상태이다. 즉, 가짜로 진짜를 감추는 것이 아니라 진짜와 가짜의 경계가 더 이상 존재하지 않아 실재와 기호가 등가로 연결되지 않으며 기호 자체로 존재하는 것이다. 시뮬라크르의 동사형인 시뮬라시옹은 무에 대한 위작(僞作)을 만드는 것이 아니라 존재하지 않은 것을 존재하는 것으로 인지하는 과정이다.

의 1950, 1960년대 영화 속에서 이미 묘사된 스테레오 타입을 흉내 내면서 이를 리얼리즘이라고 착각하는 것은 '거짓 리얼리즘'에 불과하다(존 스토리, 2012, pp. 348~351). 재현이 다시 재현됨으로써 진짜 리얼리즘이 사라지는 현상은 인터넷에서 빈번하게 발생한다.

그런데 아이러니하게도 최근에는 거짓 리얼리즘에 불과한 것으로 간주되었던 인터넷 콘텐츠가 대중문화의 보고로 각광받고 있다. 어떤 경우에는 인터넷 콘텐츠가 오프라인 콘텐츠의 원전이 되기도 한다. 인터넷 공간의 '존재하지 않는 리얼리즘'이 이와 같은 파급력을 가지게 된 이유는 무엇일까?

저자와 독자의 경계가 사라지다

인터넷 공간은 저자와 텍스트, 그리고 독자의 관계를 근본적으로 바꾸어 놓았다. 작가가 종이에 글을 쓰던 시기에 작품의 집필은 작가 개인의 활동이었으며 작가는 작품의 줄거리, 사건의 전개, 독자가 얻는 정보를 모두 통제했다. 종이에 인쇄된 책은 저자의 의도대로 구성되었기 때문에 독자는 저자가 정해 놓은 순서대로 글을 읽을 수밖에 없었다. 저자는 텍스트의 스토리와 플롯을 통제했고 텍스트의 처음과 끝은 언제나 저자의 의도대로 고정되었다.

물리적인 텍스트가 정보나 지식의 전달에 중요한 매개가 되던 시절에는 인쇄술의 발명은 강력한 힘을 발휘했다. 수많은 사본을 만들어 낼 수 있는 기술의 발명으로 지식은 종이 텍스트에 투영될 수 있었고 인쇄물이 전파되고 후세에 전달됨에 따라 지식이 시간과 공간을 초월하여 확산될 수 있었다. 하나의 완성된 텍스트는 저자가 보여 주고 싶은 하나의 세계관의 완성이었다. 물리적 텍스트 안에서 독자가 저자에게 대항할 수 있는 수단은 제한적이었다. 독자는 '주석 달기'나 기존의 텍스트를 인용한 별도의 텍스트를 집필하여 저자가 되는 방식으로 기존의 고정된 텍스트에 대응할 수 있었다. 그러나 이러한 저항은 텍스트 밖에서 이루어지는 것으로 기존 텍스트의 내부를 변형하고 해체하는 것은 아니었다. 그렇기 때문에 인쇄매체의 저자는 독자보다 더 많은 권력을 보유하고 있었다.

하이퍼텍스트는 "독자에게 다른 경로를 제공하는 링크로 연결된 일군의 텍스트 덩어리"(조지 P. 란도, 2009, p. 4)로 저자가 만들어 놓은 맥락을 해체하여 새로운 구성을 가능하게 하는 인터넷 콘텐츠의 생성 원리이다. 링크를 통해 활자화된 설명뿐만 아니라 이미지, 소리, 영상을 첨부하는 것도 가능하다. 하이퍼텍스트를 이용하여 텍스트를 집필한 저자의 창작 의도와 전혀 다른 내용으로 텍스트를 인용할 수 있게 되면서 텍스트에 대한 저자의 권위는 크게 약화되었다. 텍스트는 저자의 권력에서 독립하여 텍스트로만 존재하게 되었고, 이제 그 권력은 링크를 구성하여 콜라주의 형태로 새로운 의미를 창조한 두 번째 작가에게 넘어갔다. 물론 두 번째 작가의 권력도 인터넷 안에서는 영원하지 않다. 거미줄같이 연결된 네트워크에서 "텍스트는 접히고 다시 접히고, 나뉘지고 조각과 파편으로 다시 붙여진다. 그리고 하이퍼텍스트로 변이되고 다시 하이퍼텍스트가 연결되면서 무한히 열려 있고 유동하는 차원"을 형성하기 때문이다(피에르 레비, 1997, p. 209). 우리가 인터넷 공간에 만든 콘텐츠는 무한히 열려 있고 유동하는 차원에 존재하고 있다.

하이퍼텍스트의 등장으로 저자의 권력은 수용자에게 침탈당하고 독자는 텍스트를 구성하고 편집할 수 있는 자율권을 쟁취했다. 텍스트를 연결하고 오려 붙여 새로운 맥락과 의미를 만들어 낸다는 점에서 독자는 이제 독자이자 작가가 되었다. 텍스트에 대한 작가의 권력이 약화되면서 글쓰기에도 큰 변화가 나타났

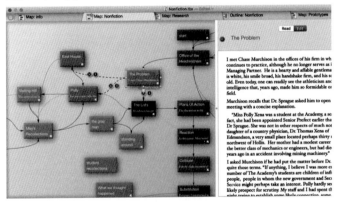

스토리스페이스의 웹페이지

스토리스페이스는 하이퍼텍스트 소설을 제공하는 대표적인 사이트로 독자가 이야기 전개에 적극적으로 참여한다. 독자는 한 권의 완성된 책이 아니라 사이버 공간에서 스토리스페이스 맵을 제공받고 링크로 연결된 이야기의 메뉴를 스스로 선택한다. 따라서 독자의 반응에 따라 이야기 전개나 결말이 달라진다.

다. 글쓰기 환경의 변화를 적극적으로 수용하여 어떤 작가는 독자가 이야기의 정보나 스토리의 진행을 스스로 선택할 수 있도록 인터넷 텍스트를 디자인하기도 했다. 독자는 마치 게임을 하듯 스토리 전개에 참여하여 이야기를 완성해 나간다.

그러나 하이퍼텍스트가 기존 텍스트를 완전히 대체한 것은 아니다. 하이퍼텍스트만이 저자의 권력을 침탈하는 유일한 방법도 아니다. 현재 인터넷 공간에서 저자의 권력을 침탈하는 보다 더 보편적인 행위는 바로 '쓰기로서의 읽기(reading-as-writing)'이다. 능동적인 독자가 작품을 읽고 자신의 시각으로 작품을 각색하는 일은 대중문화 역사에서 흔한 현상이었다. 인터넷은 '능동적인 읽기'와 '다시 쓰기'를 더욱 확산시키는 촉매제가 되었다(조리 P. 란도, 2009).

고전문학작품, 소설, TV시리즈, 만화, 애니메이션의 열성 팬들은 자신들이 심취하고 있던 작품에 자신만의 해석과 분석을 가미하여 속편 혹은 다시 쓰기를 시도하여 자신만의 지하문화(underground culture)를 만들어 냈다. 과거 이러한 문화는 일부 팬들 사이에서만 공유되었고 인쇄물의 발행 부수도 제한적이었기 때문에 특정 팬덤을 초월하여 새로운 문화의 자극제가 될 수는 없었다(조지 P. 란도, 2009, pp. 11~14). 인터넷의 보급으로 물리적 공간이 가진 폐쇄성이 타파되자 쓰기로서의 읽기의 영향력은 그 이전보다 더욱 확대되었다.

저자와 독자의 경계가 흐릿해졌다고 인터넷 텍스트가 인쇄매체의 속성을 완전히 전복하는 것은 아니다. 인터넷의 개방성은

'쓰기와 읽기'의 외연을 확장하여 더 많은 저자와 독자를 매개하는 데 초점이 맞추어져 있다. 인터넷이 완전히 다른 소통 방식으로 기존의 쓰기와 읽기 형식을 전복하고 있는 것은 아니다. 종이가 컴퓨터 모니터와 스마트폰 화면으로 전환되었을 뿐 쓰기와 읽기는 활자 텍스트의 방식을 그대로 고수한다. 디지털 기기는 종이 매체를 얼마나 흉내 낼 수 있는지에 몰두하고 있다. 종이와 같은 색감으로 모니터 화질을 조정하고, 전자책 리더기는 종이책의 페이지를 넘기는 것과 유사한 감각을 느낄 수 있도록 디자인하고 있다.

디지털 기기는 인쇄 매체를 '재매개'한다. 재매개는 새로운 매체가 앞선 매체를 대체할 때 앞선 매체의 글쓰기 특징을 빌려 와 재조직하면서 새로운 창의적 공간을 여는 것을 일컫는다. 파피루스 글쓰기가 인쇄술로 전환되었던 것처럼, 인쇄술에서 인터넷 글쓰기로의 변화도 앞선 매체의 기능을 모방하고 그 기능을 개선하면서 진행되고 있다. 제이 데이비드 볼터(2010, p. 36)는 글쓰기 기술의 발전 과정이 (앞선 매체와의) 존경과 경쟁을 함께 수반하고 있다고 지적한다.

그러한 까닭에 인터넷 공간에서 '쓰기와 읽기'에 활용되는 활자의 모양과 느낌은 전통적인 인쇄물의 활자를 그대로 모방하면서 진화하고 있다. 제이 데이비드 볼터(2010, p. 70)는 현재 시기를 "후기 인쇄 시대"라고 명명한다. 후기 인쇄 시대에는 디지털 글쓰기가 인쇄를 완전히 대체하지 않는다. 인쇄와 디지털 글쓰기는 서로 필요한 요소이며, 디지털 글쓰기가 인쇄를 재매개

한다고 볼 수 있다.[3]

따라서 현재 개발되는 디지털 기기도 전통적인 소통 방식인 쓰기와 읽기를 보다 더 편리하게 매개하는 방식으로 진화하고 있다. 즉, 인터넷에 빠르게 접속하여 자신이 원하는 대로 더 편리하게 읽고 쓸 수 있는 기술의 변화가 주를 이룬다. 인터넷이나 디지털 기기의 변화가 패러다임을 완전히 전환시켰다기보다는 접근성을 대폭 개선하여 저자와 '쓰기로서의 읽기'를 원하는 독자의 수를 크게 확장시켰다는 점에서 의미가 있다.

디지털 기술의 발전과 보급으로 '다시 쓰기'나 '쓰기로서의 읽기'를 희망하는 독자가 늘어나면서 발표되는 작품의 수도 크게 증가했다. 인터넷과 스마트폰의 보급으로 더 많은 독자가 '다시 쓰기'에 참여할 수 있는 환경이 조성되었기 때문이다. 기존 작품의 내용과 주제를 콜라주 형태로 이어 붙인 인터넷 콘텐츠는 형식상으로는 다시 쓰기에 가깝고 내용상으로는 각색된 텍스트에 가깝다. 각색된 텍스트는 각색을 한 원전과의 관계를 통해 이해되어야 하기 때문에 '상호텍스트성(intertexuality)'을 가진다. 상호

---

3 인쇄, 영상, 사진과 같은 전통적인 매체는 현실을 투명하게 그대로 재현하는 것이 최고의 미덕이라고 판단한 적이 있다. 그러나 독자는 결국 매체라는 창문을 통해서 객체를 바라보는 것이다. 하이퍼텍스트로 가득 찬 인터넷 세계에서는 객체를 그대로 재현하는 매체의 영향력에 방점을 두지 않는다. 오히려 매체를 의식하거나 심지어 매체에 둘러싸이길 희망하고 매체 자체를 즐기는 상태에 이르게 된다. 객체를 투명하게 재현하는 매체를 통해서 세상을 접하는 것이 아니라 매체가 다른 매체를 '재매개'하는 형식이 되면 세계는 보다 더 즉시적으로 전달될 것이다. 제이 데이비드 볼터(2010)는 가상현실이 그림이나 사진보다 훨씬 나은, 극단적으로 투명한 매체가 될 것이라고 주장한다. 왜냐하면 가상현실에서 구경꾼은 보이는 세계로 직접 들어갈 수 있어서 자신들의 즉각적인 경험을 매체를 통해서 전달할 수 있을 것이기 때문이다. 따라서 인터넷을 이용한 뉴미디어가 이전의 미디어보다 더 많은 즉시성을 제공할 것이라고 확신한다(제이 데이비드 볼터, 2010, p. 39).

텍스트성은 인터넷 텍스트를 규정하는 중요한 특징이다.

린다 허천(2017)은 상호텍스트성을 '팔랭프세스트적(pal-impsestuous)'이라고 지칭한다.[4] 팔랭프세스트는 각색된 텍스트를 접하면서 원전을 동시에 떠올리거나 다시 상기하는 체험이다. 팔랭프세스트는 다양한 스토리 라인으로 구성된 하나의 세계, 즉 '스토리 월드'가 구축된 상태에서 가능하다. 복제와 변주로 탄생한 인터넷 콘텐츠는 이미 있는 원전의 세계를 팔랭프세스트적으로 이용한다.

웹소설은 또한 이미 구축된 스토리 월드를 인용하면서도 변형과 반복을 통해 이를 각색한다. 웹소설이 인용, 참고, 반복하는 주제와 서사는 고전일 수도, TV드라마일 수도, 유명 베스트셀러일 수도 있다. 비록 공식적으로 '각색'을 공인하지 않더라도 상당수의 웹소설은 기존의 텍스트가 담고 있던 주제와 서사를 유지하며 반복, 인용, 참조하고 있다. 상호텍스트성으로 인해 웹소설의 흡인력은 매우 높다. '다시 쓰인' 웹소설에는 낯설지 않은 스토리 월드의 그림자가 짙게 드리워져 있다.

---

4   팔랭프세스트는 복기지로도 번역된다. 팔랭프세스트는 고대 양피지에 기록된 글을 의미하는 것으로서, 지우고 그 위에 다시 쓰는 작업을 거치면서 다층적 의미를 갖게 된 문서이다(린다 허천, 2017, p. 51).

chapter 2

웹소설의 매력 탐구

웹소설의 매력 탐구

인터넷에서 쓰고 싶은 이야기를 쓰세요

인터넷 텍스트의 대중성과 기민함은 기존 출판계의 고리타분한 관행과 큰 대비를 이룬다. 이이다 이치시(2018)는 일본의 느리고 갑갑한 출판 관행 때문에 시시각각 변하는 독자의 기대에 즉각적으로 대응하기 힘들었다고 토로한다. 통상 일본의 단행본은 공모전에 당선되거나 문예 잡지에 연재된 이후 출판된다. 문제는 문예지의 편집장이나 공모전의 심사위원이 대중의 취향을 대표하고 있는가이다. 설령 작가가 심사위원이나 출판사 편집장의 까다로운 심사를 통과했다고 하더라도 출판사는 여전히 단행본 출간을 망설인다. 공모전 당선작은 어렵고 재미없다는 선입관이 있어 출간된 이후에도 베스트셀러가 되지 못하는 경우가 많다. 편집장이나 편집 담당자가 잡지 연재를 결정한 경우에도 연재 결과 독자의 반응이 예상과 다른 경우도 왕왕 발생한다. 그러다 보니 출판사는 신진 작가의 글을 출판하는 데 더더욱 주저하게 된다. 그런 탓에 이미 일정 수의 고정팬을 확보한 기성 작가나 방송연예인의 신변잡기적인 에세이가 일본 출판업계에 넘쳐나게 되었다.

그러던 중 독자의 선택을 받는 방법을 몰라 차라리 안전한 과거의 관행을 되풀이하고 있던 일본 출판계를 당혹스럽게 하는 상황이 발생했다. '소설가가 되자', 'E★에브리스타'와 같은 플랫폼을 통해 웹소설을 서적화한 작품들이 일본 베스트셀러 순위를 점령해 가기 시작한 것이다. 이이다 이치시는 이를 '웹소설의 충격'이라고 명명했다.

어차피 출판업자가 작가의 글을 출판해 주는 데 적극적으로 나서지도 않는다면 굳이 편집장이나 심사위원에 마음에 들 만한 글을 쓸 필요는 없다. 차라리 자신이 쓰고 싶은 글을 쓰는 편이 훨씬 낫다. 인터넷은 누구의 허락이나 승인 없이 자신이 원하는 형식과 내용으로 글을 쓰는 것이 가능한 공간이다. 물론 인터넷 상에 글을 쓴다고 작가로서의 명성과 소득을 얻는 일이 완전히 불가능한 것도 아니다. 그렇다면 편집장이나 심사위원은 글쓰기 과정에서 무시해도 좋다. 이들을 배제하고 나자 작가에게는 작가 자신과 독자만이 오롯이 남았다. 이제 독자만이 그 자신의 성공을 가늠하는 잣대가 된 것이다.

물론 작가와 독자 사이가 텅 비어 있는 것은 아니다. 그 사이에는 웹소설 작가와 출판 계약을 맺고 플랫폼을 통해 작품을 유통시키며 작가와 독자를 매개하는 웹소설 플랫폼 사(社)가 있다. 웹소설 플랫폼은 과거 출판사가 했던 역할을 일부 대체한다. 하지만 그렇다고 웹소설 플랫폼이 출판사 자체는 아니다. 플랫폼은 작품을 유통시키는 주요한 창구이기는 하지만 과거 출판사가 그랬던 것처럼 작품을 선별하여 편집하는 결정권을 행사하지는 않는다.

웹소설 산업의 가장 큰 장점은 다른 산업에 비해 물리적 비용이 거의 들지 않는다는 점이다. 초기 투입 비용이 매우 적기 때문에 웹소설은 진입 장벽을 높게 세우지 않는다. 따라서 웹소설 플랫폼은 이 창작사업에 참여하기를 희망하는 사람에게 까다롭게 굴지 않는다. 오히려 경험 없는 작가들이 작품을 올릴 수 있도록 무료 게시판을 제공하기도 한다. 신인 작가의 수를 곧바로 양질의 작품 수로 환산할 수 있는 것은 아니지만, 작가가 곧 독자이기도 한 웹소설계에 많은 작가 희망생이 몰린다는 것은 그만큼 독자의 지지가 높은 플랫폼이라는 것을 의미하기도 한다.

이처럼 웹소설은 인터넷과 소설이라는 장르의 특성이 결합한 콘텐츠이다. 인터넷은 주지했다시피 편리하며 개방적이고 그와 동시에 개별 사용자에 적합한 맞춤형 콘텐츠가 제공된다는 측면에서 '사적'이다. 인터넷의 편리성과 개방성은 더 많은 작가의 창작과 독자의 독서를 촉진한다.[1] 나는 이 행위에 다분히 사적 취향이 반영되고 있다고 본다. 작가는 자신이 원하는 이야기를 자유롭게 쓸 수 있다는 장점 때문에 인터넷에 작품을 업로드한다. 이것은 독자도 마찬가지이다. 인터넷 공간에 자유롭게 연재되고 있는 소설들은 과거 오프라인보다 더 다양한 취향을 표출하고 있다. 독자는 과거 편집장이나 심사위원이 선별한 작품을 보는

---

1 실제로 중국의 웹소설 조사 보고에 따르면 웹소설 보급 이후 중국인의 독서량이 증가한 것으로 나타났다.

것이 아니라 더 많은 선택지 안에서 자기 스스로 자신의 취향에 맞는 작품을 고를 수 있다. 사적 취향에 따라 쓰고 사적 취향에 기반하여 읽는다. 인터넷의 은밀한 개방성은 이를 매체로 사용하는 웹소설에도 그대로 반영된다.

웹소설 장르의 뿌리를 찾아서

웹소설은 웹툰이나 웹드라마에 비해서도 취향 반영에 더 많이 신경을 많이 쓰는 온라인 콘텐츠이다. 웹소설은 대다수의 대중을 타깃으로 하기보다는 하위문화(subculture)를 타깃으로 하는 콘텐츠로 창작자와 독자의 관계가 매우 친밀하다. 웹툰과 웹드라마 제작에는 상대적으로 더 많은 창작 비용이 발생하기 때문에 보편적인 다수에게 인기를 얻어 투자비를 환수해야 한다는 부담이 강한 반면, 웹소설은 비용 투입이 많지 않기 때문에 작가가 자신의 취향을 드러내는 것을 자유롭게 내버려 두는 경향이 있다(한국콘텐츠진흥원, 2018b).

웹소설이 취향에 집중하는 것은 그 태생과도 깊은 관련이 있다. 인터넷이 보급되자 아마추어 작가나 기성 작가는 개인 블로그나 인터넷 동호회를 중심으로 작품을 발표하기 시작했다. 기존 작품의 패러디나 실제 유명 스타를 등장인물로 내세운 팬픽, 스릴러, 호러, 로맨스, 판타지의 장르문학 팬들이 이 새로운 매체를 가장 적극적으로 활용했다. 우리가 '인터넷 소설' 혹은 '사이버 소설'이라고 부르던 초기 작품들은 처음부터 폭넓은 대중을 목표로 한 것이 아니었다. 오히려 그 독서의 대상은 상당히 제한적이었다. 동일한 성향이나 취미, 취향을 공유하는 사람들이 모이는 곳에 그들의 성향에 맞춘 작품들이 업로드되었다. 모든 사람에게 지지를 받겠다는 원대한 야망은 애초에 있지도 않았다. 그들은 놀이의 형태로 자신이 쓴 이야기를 공유했을 뿐이다.

누군가를 만족시키기 위해서가 아니라 자신의 취향에 온전히 집중한 글쓰기가 인터넷 공간에서 확산되면서 한국의 장르문화는 비로소 대중적으로 자리 잡게 되었다. 그때까지 한국의 장르문학은 외국의 유명 작품을 번역하거나 몇몇 유명 작가가 작품을 출판하면서 명맥을 유지해 왔다. 창작군이 풍부하지 않은 열악한 상황에서도 다수의 작품을 고루 섭렵하여 장르문학의 공식에 정통한 재야의 고수가 상당수 포진하고 있었다. 이 재야의 고수들이 '목마른 사람 우물 판다'는 심정으로 자신들이 쓴 소설을 인터넷에 풀어놓기 시작했다. 그러자 장르에 대한 해박한 지식과 참신함이 돋보이는 소설들이 인터넷에 쏟아져 나오기 시작했고, 얼마 지나지 않아 한국 장르문학계는 인터넷 소설을 통해 커다란 지각 변동을 경험하게 되었다. 소위 '인터넷 소설' 혹은 '사이버 소설' 열풍이 불기 시작하면서 한국형 장르문학이 부상하게 된 것이다.

인터넷 보급 초기 PC통신을 중심으로 가장 먼저 눈에 띄는 성과를 보인 것이 바로 장르문학이었다. 판타지 소설인 이영도의 《드래곤 라자》와 이우혁의 《퇴마록》은 PC통신 하이텔의 문학 동호회에서 발표되어 선풍적인 인기를 얻었다. 일부 로맨스 소설 동호회에서는 외국의 로맨스 소설을 번역하여 공유하는 붐도 일었다. 문학 동호회뿐만 아니라 PC통신 나우누리 유머란에 연재된 《엽기적인 그녀》 역시 큰 반향을 일으켰다. 2000년대에는 당시 고등학생이었던 귀여니가 발표한 《그놈은 멋있었다》, 《늑대의 유혹》이 엄청난 인기를 끌면서 PC통신 문학은 인터넷 소설로 이어지게 되었다.

이런 작품의 공통된 특징은 그 내용과 스토리의 전개 방식이 뚜렷한 장르문학의 공식을 따르고 있다는 점이다. 그런 까닭에 인터넷에 발표된 작품들은 처음부터 보편적 다수를 대상으로 하는 작품이 아니었다. 비슷한 취향을 공유하는 동호회 회원끼리 함께 즐기기 위함이었다. 그러나 동호회 안에서 유독 높은 평가를 받은 작품들이 등장하자 점차 그 소문은 동호회의 담벼락을 넘어 다른 사이트에서도 화제가 되었다. 당시에는 인터넷 콘텐츠에 대한 저작권 인식이 낮아 여기저기 손쉽게 공유된 것도 화제성을 증폭시켰다.

이렇게 온라인상에서 화제가 된 작품은 점차 오프라인에서도 주목을 받았다. 소문을 들은 출판계나 영상 제작자들이 화제성 높은 작품을 출판하거나 영상화하는 데 흥미를 가지게 된 것이다. 이렇게 관심을 받은 작품의 공통된 특징이 바로 장르 지향이 매우 뚜렷하다는 점이다. 인터넷 소설이 막 세상의 관심을 받게 되었을 때 장르문학이 큰 주목을 받은 이유는 대중에게 익숙한 틀에 박힌 이야기의 구조를 답습하여 보편적인 지지를 획득하려고 노력하지 않았기 때문이었다. 개인의 취향, 내가 좋아하는 화제에 집중하는 작가들의 이야기에 대중은 오히려 참신함을 느꼈다. 특히 장르문화에 대한 한국 대중문화의 기반이 취약한 상태였기 때문에 더욱 그러했다. 작가의 개인적인 취향에 바탕을 둔 서사가 인터넷이라는 개방적인 공간과 만나 시너지 효과를 발휘하면서 비로소 장르문학이 대중문화의 한 영역을 차지하게 되었다.

확고한 취향을 저격하라

최근에는 인터넷에 발표되는 소설을 인터넷 소설이라고 부르지 않고 웹소설[2]이라고 부른다. 이러한 변화는 인터넷에 소설을 쓰고 독서하는 기술 환경이 전환되면서 나타난 현상이다.

커뮤니티 중심에서 플랫폼 중심으로 유통 구조가 바뀌고 PC에서 모바일 기기로 독서 매체가 바뀌면서 소설의 창작과 유통, 소비 구조가 크게 변했다. 무엇보다 작가와 유통사 간에 보다 명확한 계약관계가 등장했고, 동호회에서 공유되던 소설을 플랫폼 회사가 한층 더 전문적으로 관리하기 시작했다.

웹소설 플랫폼이 가장 역점을 둔 서비스 중 하나는 장르별로 카테고리를 분류하여 취향이 분명한 웹소설 독자가 불편을 느끼

---

2 뒤에서도 설명하겠지만 웹소설이란 용어는 네이버가 2013년 모바일 기반 소설 유통 서비스를 개통하면 처음 사용한 것이다. 지금은 인터넷이나 모바일 플랫폼에 발표된 소설을 통칭하는 고유명사가 되었다.

지 않도록 인터페이스를 구축하는 것이었다. 업로드되는 웹소설이 폭증하면서 로맨스, 판타지, 무협과 같은 전통적인 장르에도 무수한 하위 장르가 생겨났다. 예를 들면, 로맨스 장르는 일반 로맨스, 현대 로맨스, 19금 로맨스, 사극 판타지, 역사 로맨스로, 판타지 장르는 게임판타지, 헌터물, 재벌물, 전문직물, 스포츠물, 연예계물, 요리물로, 무협 장르는 전통 무협, 퓨전 무협, 무협 판타지 등으로 세분화되기 시작했다. 그래서 플랫폼은 트렌드를 잘 파악하며 게시판에 새로운 장르 카테고리를 만들고 작가나 독자가 편리하게 사용할 수 있도록 분류되었다. 이와 함께 취향과 기호가 뚜렷한 독자가 손쉽게 원하는 소설을 찾을 수 있도록 검색 기능을 탑재하는 것도 웹소설 플랫폼의 중요한 서비스 중 하나이다.

그런데 이런 식의 장르 나누기에는 긍정적인 효과만 있을까? 만약 한 서점에서 SF소설이 순수문학 서가에 꽂혀 있다고 생각하자. 순수문학 서가에는 순수문학 작품을 읽고 싶은 사람들이 주로 찾아간다. 그런 사람들에게 SF소설은 매우 뜬금없이 보일 것이다. SF소설을 순수문학이라고 착각한 사람이 혹여나 그 책을 구매해 읽는다고 하더라도 독자는 자신이 기대했던 내용과는 다른 작품에 실망할 수도 있다.

장르별로 게시판을 나누어 웹소설 서비스를 제공하는 것은 서점에서 도서를 분류하여 서가에 꽂아 전시하는 것과 유사하지만 그렇다고 완전히 일치하지는 않는다. 서가에 꽂힌 도서는 특정 공간 안에 공존하고 있지만 다른 게시판에 분류되어 업로드된

소설은 완전히 단절되어 있기 때문이다.

서가의 공존과 게시판의 단절은 어떤 차이가 있을까? 마르케스의 《백년의 고독》을 예로 들어 설명해 보자. 《백년의 고독》은 매우 특이한 소설이다. 한 가문의 연대기를 그리고 있으면서도 판타지 요소가 가득한 이 소설은 진지한 순수문학인지, 판타지문학인지 장르를 명확히 규정하기가 힘들다. 마르케스의 이른바 '마술적 리얼리즘'은 타 문화권 사람에게는 매우 낯선 서사이다. 현실과 환상, 사실과 허구가 교묘하게 혼재된 《백년의 고독》은 보는 사람에 따라 순수문학일 수도 있고 판타지문학일 수도 있다. 따라서 이 책을 두 서가에 모두 꽂아도 큰 무리는 없다. 혹은 순수문학과 판타지문학의 서가를 나란히 두고 《백년의 고독》을 그 사이에 꽂아 두면 어떨까? 서가에 책을 꽂을 때는 회색지대를 설정하는 것이 가능하다. 그렇기 때문에 독서 취향은 다른 영역으로 확장될 가능성이 커지는 것이다. 서가의 오른쪽으로 가든 왼쪽으로 가든, 어느 쪽을 쫓아가더라도 다른 세계를 경험할 기회는 여전히 있다.

그러나 이런 두리번거림을 모든 사람이 좋아하는 것은 아니다. 시간 낭비를 하고 싶지 않은 사람에게 회색지대는 오히려 거추장스러운 장치이다. 짧은 점심시간을 이용해 휴식을 겸해 자기가 좋아하는 소설을 읽고 싶은 독자라면 서가를 두리번거리지 않고 빠르고 쉽게 도서를 찾고 싶을 것이다. 장르별로 게시판을 운영하거나 검색 기능을 장착한 플랫폼이라면 번거로운 수고는 하지 않아도 된다.

웹소설 플랫폼의 장르 분류는 가면 갈수록 오프라인 출판 시장에서보다 훨씬 엄밀해지고 촘촘해지고 있다. '취향저격'이란 말은 웹소설 플랫폼이 제공하는 서비스를 가장 잘 대변한다. 이 또한 인터넷이 사적 기호와 요구를 만족시키는 최적화된 매체라는 속성을 반영하는 것이다.

장르의 법칙과 변주

김봉석·강상준(2017)은 장르가 독자와 약속된 지표라고 정의한다. 그렇다고 몇 가지 고정불변의 기준이 장르를 결정하는 것은 아니다. 장르의 법칙은 오랜 시간 동안 작가와 작품, 그리고 독자의 반응이 축적되어 자연스럽게 형성된다. 장르는 이렇게 형성된 약속과 법칙, 공식에 바탕에 두고 창작된 작품군을 지칭한다. 웹소설의 성공은 독자의 관심과 조회 수로 결정되기 때문에 작가는 독자가 장르에 갖는 기대를 배신하지 않고 장르의 문법에 따라 소설을 써야 한다.

시중에 나온 웹소설 작가 입문서는 하나같이 지망생이 반드시 자신이 쓰려고 하는 글이 어떤 장르인지를 결정하고 그에 맞는 게시판에 소설을 연재해야 한다고 강조한다. 작가 김남영(2019)은 처음 웹소설 작가를 시작하며 웹소설에서 통용되는 장르에 대한 이해가 부족하여 이른바 '장르 실수'를 한 적이 있다고 고백했다. 현대 배경에 저승사자와의 로맨스를 다룬 소설을 '로맨스 판타지' 게시판에 연재했다가 저조한 성적에 어리둥절했다고 한다. 소설에 판타지 요소가 있어서 로맨스 판타지 카테고리를 선택했으나 사실 자신이 알고 있는 장르의 원칙과 웹소설 판에서 통용되는 장르의 원칙이 달랐던 것이다. 웹소설에서 '로맨스 판타지'는 대체로 중세시대를 배경으로 한 서양 로맨스라고 이해되는 경우가 대부분이었고, 중세 서양 로맨스물을 기대하는 사람들이 많이 이용하는 카테고리라면 현대 배경에 저승사자와의 로맨스를 다룬 소설이 주목받기는 어려웠을 것이다. 김남영(2019) 또한 자신의 소설이 일반 로맨스의 하위 장르에 들어가는 것이 더 적합했다고 설명한다.

따라서 웹소설 작가로 입문하기 위해 가장 먼저 숙지해야 하는 것은 장르의 원칙이고, 그다음은 내가 쓰고 싶은 이야기가 장르에 부합하는지를 살피는 것이다.

웹소설은 취향이 확고한 장르 소설이 대부분을 차지한다. 그

웹소설 플랫폼의 장르 카테고리

웹소설 플랫폼	장르 카테고리
네이버 웹소설	로맨스, 로맨스 판타지(로판), 판타지, 무협, 미스터리, 역사&전쟁, 라이트노벨
카카오페이지	판타지, 현판(현대 판타지), 로판, 무협
문피아	무협, 판타지, 퓨전, 게임, 스포츠, 로맨스, 라이트 노벨, 현대판타지, 대체역사, 전쟁·밀리터리, SF, 추리, 공포·미스터리, 일반소설, 시·수필, 중·단편, 아동소설·동화, 드라마, 연극·시나리오, BL, 팬픽·패러디
조아라	판타지, 로맨스, 로맨스 판타지, 무협, 퓨전, 게임, 역사, 스포츠, 라이트노벨, BL, GL, 패러디, 팬픽, 일반작품, 문학작품

웹소설 대표 장르와 특성

장르	특징
로맨스	여성의 심리적 통찰에 집중하는 일종의 연애물. 사랑, 갈등, 이별, 화해 등 두 사람의 연애 관계가 서사의 중심
무협	대의와 정의를 지향하는 등장인물이 이를 실현시키기 위해 초자연적 무술과 무공을 펼치면서 갈등을 해결하는 이야기. 1980년대 와룡생, 김용의 작품이 국내에서 인기를 끌면서 장르 형성
판타지	작가가 만들어 낸 허구의 세계를 배경으로 각종 공상의 산물과 그에 따른 새로운 상식이 지배하는 세상을 그리는 장르. 마법, 초능력, 영혼, 요정과 같은 초자연적 요소가 등장. 서양 판타지 소설의 구조를 차용하여 소설적 완성도를 내세워 많은 독자층 확보
미스터리	살인이나 실종 등 미스터리한 사건을 파헤쳐 사건을 해결하는 장르. 사건을 해결해 나가는 과정에서 얻게 되는 지적인 쾌감이 특징
공포	괴물, 살인마와 같은 크로테스크한 존재에 의해서 설명할 수 없는 괴이한 사건이 일어나고 이로 인해 독자가 극단적인 감정을 느끼게 하는 장르
라이트 노벨	엄숙한 기존 문학에 비해 분량이나 내용적 측면에서 가벼운 소설(light noble)을 의미. 본래 일본에서 큰 인기를 끌었으며 만화나 애니메이션 풍의 일러스트가 표지나 삽화로 등장. 검과 마법류의 판타지, 학원물, SF물, 역사물 등 다양한 장르를 포괄하지만 지나치게 가벼운 공상적 세계관으로 인해 라이트 노벨 자체를 하나의 장르로 분류
팬픽	배우, 아이돌, 영화 캐릭터, 실존 인물 등 다양한 팬덤에서 팬이 직접 창작한 픽션을 통칭. 기존에는 팬들 간의 하위 문화로 격하되기도 했으나 영화 〈트와일라잇〉의 팬픽을 쓰던 E. L. 제임스가 《그레이의 50가지 그림자》라는 작품으로 발전시킨 것처럼 새로운 콘텐츠 생산의 통로로 여겨지기도 함

렇다면 현재 활동 중인 작가와 독자는 어디서 장르의 원칙을 배울까? 책이라고는 도통 읽지 않는 10대 소년이 《삼국지》나 《신조협려》를 알고 있다면 그 소년은 십중팔구 모바일 게임을 즐겨 하는 것이다. 책이라고는 도통 읽지 않은 10대 소녀가 '간달프'를 알고 있다면 그 소녀는 십중팔구 영화 〈반지의 제왕〉이나 〈호

빗〉을 봤을 것이다.

김휘빈(2017)은 현재 판타지 장르의 작가와 독자가 《반지의 제왕》이나 《해리 포터》 시리즈와 같은 원전에서 판타지 장르의 원칙을 배운 것이 아니라고 단언한다. 한국 웹소설 시장에서 원전은 이미 그다지 중요한 참고사항이 아니다. 장르의 원칙을 학습하기 위해 굳이 장르의 원전이 되는 작품을 읽는 사람도 이제 별로 없다. 웹소설 입문서는 작가 지망생에게 다른 웹소설 작품을 많이 읽고 장르의 문법을 배우라고 제안하기도 한다.

판타지 장르를 예로 들어 보면, 최근 데뷔하는 작가나 젊은 독자는 판타지 장르를 롤플레잉 게임(tabletop role-playing game), 게임의 룰북(rule book)을 통해 처음 접하는 경우가 많을 것이다. 예를 들면 한국에서 큰 인기를 끌었던 일본 롤플레잉 게임인 '영웅전설', '파이널 판타지', '드래곤 퀘스트'를 통해 판타지의 요소를 학습했다고 보는 것이 적절하다. 모든 롤플레잉 게임이 판타지 소설을 원작으로 하는 것은 아니지만 유저가 단계적으로 퀘스트를 수행하는 롤플레잉의 게임 운영 방식은 판타지 소설과도 유사도가 높기 때문에 유명 판타지 소설이 롤플레잉 게임으로 제작되기도 한다. 그렇다고 하더라도 웹소설을 즐겨 읽는 독자 중에는 판타지 장르의 원전이라고 할 만한 소설을 종이책으로 읽은 사람보다는 판타지 게임 유저가 더 많은 수를 차지할 것이다.

판타지 소설을 원전으로 하는 롤플레잉 판타지 게임은 재매개된 텍스트이다. 게임은 그 자체가 원전이 아니라 전통적인 판타지 장르를 원전으로 복제하고 재해석하는 것이다. 그것은 이미 무언가 기록된 양피지에 자신의 이야기를 덧씌워 놓은 팔랭프세스트이다. 원전의 특징을 적극적으로 복제하고 구현하고 있다는 점에서 판타지 게임은 또한 '쓰기로서의 읽기'이자 원전과 함께 이해되어야 할 '상호텍스트성'을 가진다.

그렇다면 판타지 게임에서 비롯된 웹소설 판타지 장르는 어떠한가? 웹에 연재된 판타지 소설은 재매개된 판타지 장르를 다시 재매개한 텍스트이다. 판타지 장르 웹소설은 원전을 복제한 게임을 다시 복제하고 재해석한다. 이미 글자가 겹쳐진 양피지에 다시 자신의 이야기를 덧씌워 놓는다. 그것은 원전과 재매개된 텍스트와 모두 관계를 가지며 이러한 관계성 속에서 텍스트가 이해되어야 하기에 물론 '상호텍스트성'을 가진다.

그러나 최근 독자 가운데 젊은 세대는 판타지 게임이 재매개되었다는 사실을 모른 채 판타지 게임을 판타지 장르 자체로 여기는 사람도 적지 않다. 판타지 게임을 하지 않고 그에 대한 정보도 갖지 않은 사람이 판타지 웹소설만 알고 있다면 어떨까? 그러한 사람도 판타지 웹소설을 판타지 장르 그 자체로 여기며 그 무엇도 매개하지 않는다고 생각할 것이다. 따라서 이러한 경우 판타지 게임도 판타지 웹소설도 실재 없는 이미지, 시뮬라크르가 되어 버린다. 그 자체로 원전이 될 수 없기 때문에 존재하지 않는 허상이라고 일컫는 것이 아니라 무엇도 매개하지 않는 콘텐츠란 원칙적으로 존재할 수 없기 때문에 시뮬라크르라고 부르는 것이다.

판타지 장르의 상호텍스트성

'실재 없는 이미지'는 어쩌면 웹소설 고유의 속성이라고도 할 수 있다. 웹소설에서 장르의 교차가 용이하게 발생하는 것도 바로 웹소설이 원칙과 규칙에서 자유롭기 때문이다. 재매개된 게임이나 웹소설을 통해 판타지 장르를 접한 사람에게 판타지 장르의 요소를 꼽아 보라면 아마도 대부분은 마법이나 초능력, 괴물, 기사라고 답할 것이다. 그러나 본래 판타지 장르는 그 정도에 머무르지 않는다. 판타지는 우리가 경험한 현실과 다른 시공간과 초자연적 존재를 창조하는 방식은 현실을 극한에 가깝게 왜곡한다. 그리고 이러한 가공 세계에 현실적 문제를 직접 투영한다(김봉석·강산준, 2017). 좋은 판타지 작품은 초능력이나 영혼, 요정과 마법사와 같은 초자연적인 요소를 활용하여 실제 현실을 재현하기 때문에 시뮬라크르가 아니다.

그러나 판타지 웹소설은 현실을 재현하기 위한 극단적 왜곡의 수단으로 판타지의 외연을 복제하는 것이 아니다. 판타지의 외연을 복제하는 것은 재현하거나 현실을 반영하기 위한 목적보다는 재미있는 이야기를 만들기에 적절한 장치이기 때문이다. 그렇기 때문에 김휘빈(2017)은 현재 한국 웹소설의 판타지 장르가 판타지 요소가 있는 일반소설이나 대중소설에 가깝다고 지적한다. 그렇기 때문에 정통 판타지 장르를 선호하는 독자라면 판타지 웹소설은 판타지를 흉내 내는 아류처럼 보일 수도 있다.

판타지 웹소설은 훨씬 가벼워졌다. 거대한 철학적 담론을 다루기보다는 현실 세계에서 충족되지 못한 불만을 판타지 세계에서 충족시키는 식의 서사가 독자들의 지지를 받고 있다. 2014년 즈음부터 판타지는 남성 독자를 대상으로 작품 배경 또한 현대사회로 이동했다. 그리고 2015년 전후로는 특수 능력이 있는 선문 직업인이 주인공으로 등장하는 이른바 기업물이 늘어났다. 평범한 인물이 우연한 기회에 특별한 능력을 갖게 되어 사회적으로 성공하는 식의 판타지 소설은 사회생활에 지친 남성들이 대리만족할 수 있는 플롯이다(김휘빈, 2017).

원전으로 장르를 접한 1980, 1990년대 작가들의 작품과 재매개된 텍스트로 장르를 학습한 세대의 작품 사이에는 분명한 차이가 존재한다. 원전으로 장르를 학습한 세대는 원전을 복제하고 다시 쓰려는 욕구가 훨씬 강하기 때문에 원전과 유사한 작품을 만들려고 노력한다. 그러나 재매개된 혹은 재재매개된 텍스트로 장르를 학습한 세대는 장르의 공식을 따라야 한다는 인식이 그다지 강하지 않다. 어쩌면 그들은 장르의 외관을 흉내 내고 있을 뿐 실제로는 장르의 공식이 무엇인지도 제대로 알지 못하고 있을 수도 있다.

재매개된 텍스트로 다시 재재매개하는 웹소설 장르는 비단 판타지 장르에 그치지 않는다. 무협 장르도 마찬가지이다. 무협의 기원을 거슬러 올라가자면《삼국지연의》와《봉신연의》등 중국의 고전소설로까지 이어지는데, 이런 고전과 김용의 《사조영웅전》,《신조협려》,《의천도룡기》 등 1980년대 한국에서 선풍적인 인기를 끌었던 무협소설이 그 원전이라고 일컫는다. 하지만 현재 무협소설 작가들은 다양한 채널을 통해 장르의 문법을 배운다. 특히 최근 젊은 세대의 경우는 만화, 애니메이션을 통해《봉신연의》,《서유기》 등을 만나고 드라마나 게임을 통해《삼국지》,《사조영웅전》,《신조협려》 등을 접한다. 이와 같은 창작물은 원전을 복제하고 재해석한 팔랭프세스트이다.

로맨스 장르는 조금 상황이 다르다. 현대 로맨스 소설의 대중화는 20세기 초반 영국의 출판사인 밀스앤드분(Mills & Boon)에서 시작되었다. 캐나다 출판사인 할리퀸북스(Harlequin Books)는 밀스앤드분의 책을 북미에 소개하다 1970년대 아예 할리퀸이 밀스앤드분을 합병하면서 할리퀸은 전 세계 로맨스물을 번역, 소개하는 거대 출판사가 되었다(김봉식·강산준, 2017). 실제 1970년대와 1980년대에 출생한 작가와 독자의 경우 로맨스 장르의 문법을 할리퀸으로 대표되는 로맨스 소설 시리즈를 통해서 학습했다고 해도 틀린 말은 아닐 것이다. 그러다 1990년대 이후 PC통신과 인터넷이 보급되면서 다수의 할리퀸 독자들이 창작 활동을 시작했다.

1990년대, 2000년대에 출생한 작가와 독자들은 아마 이들이 창작한 한국형 로맨스 소설의 열렬한 독자였을 것이다. 혹은 만화나 영화, 드라마로 시각화, 영상화된 로맨스 소설을 열렬히 시청한 시청자였을 것이다. 이들 또한 판타지 장르의 작가와 독자처럼 재재매개된 텍스트로 장르의 공식을 배웠다. 그러나 그들은 판타지나 무협 장르와는 달리 반복된 재매개를 통해 원전이 가진 의미를 크게 상실하지는 않았다. 원전부터 지금의 웹소설에 이르기까지 로맨스 장르의 정신은 '어떠한 난관에도 불구하고 변치 않는 애절한 사랑 이야기'이다. 이처럼 단순한 원칙은 몇 번을 재매개화된다고 해도 변용되기 쉽지 않다.

주지했다시피, 장르의 기원까지 거슬러 올라가 장르의 원칙을 이해하려는 웹소설 작가는 그다지 많지 않다. 최근 웹소설 트렌드를 고려할 때, 굳이 장르의 기원까지 올라가 고전을 학습할 필요도 그다지 없는 것 같다. 재매개된 텍스트 위에 흥미로운 요소를 얹는 것만으로도 새로운 작품이 완성되기도 하기 때문이다. 메인 플롯에 가미된 설정이나 소재가 작품 전체의 분위기와 개성을 결정하기 때문에 작가는 독자의 관심을 유발할 수 있는 글감을 찾는 데 더 많은 시간을 투자한다. 참신한 설정과 소재만으로 전형적인 서사를 파격적인 이야기로 변신시킬 수 있다. 이미 장르 안에서 상용되는 익숙한 요소가 아닌 새로운 이야깃거리를 찾기 위해 다른 장르의 소재를 가져오기도 하고 독자의 몰입도를 높이기 위해 한국 사회의 특수성과 결합하기도 한다.

최근 웹소설 작가들은 장르와 장르의 융합, 장르의 본토화를 재기 발랄하게 반영한 작품을 발표하고 있다. 타 장르의 소재를 기발한 상상력을 동원하여 변용하거나 주로 서양 사회를 배경으로 스토리 라인을 전개하던 장르를 한국 사회에 적용하여 참신함을 더하기도 한다. 대표적인 사례가 로맨스 장르의 본토화이다. 서양 사회를 배경으로 하던 로맨스 장르를 한국의 역사나 사회와 결합하자 신선함과 친근감이 동시에 유발되었다. 한국 로맨스 장르에서 팩션(faction)이나 사극로맨스가 늘어나는 것도 본토화의 한 양상이라고 할 수 있다.

이러한 변화는 작가나 독자가 장르의 원칙을 드라마, 영화, 혹은 게임 등 시각화, 영상화된 텍스트를 통해서 접하는 경우가 많다는 점과 연관되어 있다고 본다. 마샬 맥루한(2001)의 지적처럼 "매체는 곧 메시지이다." 매체의 영향력은 전달하는 내용으로만 국한되지 않는다. 매체는 구현되는 기술적 메커니즘, 기술을 둘러싼 환경을 포함하여 그 자체가 메시지가 된다. 그렇다면 인쇄된 텍스트와 시각화, 영상화된 텍스트는 어떤 차이가 있을까? 시각화, 영상화된 텍스트는 다량의 정보를 비축하고 순식간에 전하는 힘을 지닌다. 영상화된 매체는 인물과 풍경으로 이루어진 장면을 한순간에 전달한다. 이것을 글자로 묘사한다면 몇 페이지를 소비해야 하지만 시각화된 텍스트나 영상은 한 컷으로 많은 정보를 제시할 수 있다. 활자를 사용하는 작가는 방대하고 상세한 정보를 형태로 제시하지 못하지만 시각화, 영상화된 자료는 그 방대한 자료를 간결하고 상징적인 방식으로 전달한다.

따라서 시각화, 영상화된 텍스트를 만드는 데는 많은 준비가 필요하다. 그럴듯하게 사실적으로 활자로 묘사된 장면을 정확하게 재현해야 하기 때문이다. 시각화, 영상화 작업은 색채·조명·음성·연기·대사 등에 많은 제작비가 투입되는 대형 프로젝트이다. 일단 출시가 되면 영상화된 텍스트는 활자로 된 텍스트보다 더 강한 흡인력을 갖는다. 눈앞에 펼쳐지는 장면을 '보는' 것이 문자로 된 텍스트를 '읽는' 것보다 편안하고 쉽기 때문이다.

분명 이제 세상에는 J. R. R. 톨킨의 장편 소설이 아닌 피터 잭슨 감독의 동명 영화로 〈반지의 제왕〉과 〈호빗〉을 접한 사람들이 더 많을 것이다. 젊은 세대 중에는 김용의 원작이 아닌 모바일 게임 '천룡팔부'와 '신조협려'를 통해 무협장르를 처음 접한 사람도 적지 않을 것이다. 그렇다면 이러한 매체의 전환은 장르문학에 어떤 변화를 가져왔을까?

판타지의 요정이나 마법, 판타지 세계에 대한 설명이 기존 종이책에서 길고 방대하게 묘사되었다면 만화, 애니메이션, 드라마, 영화, 게임과 같은 매체는 그것을 한순간에 '보여 줌'으로써 그 길고 세세한 모든 설명 과정을 생략한다. 거기에 더해 배경음악, 효과음, 컴퓨터 그래픽, 3D 기술 등의 새로운 기술이 적극적으로 활용되면서 시각화, 영상화된 텍스트는 보다 더 사실적인 화면을 제공하게 되었고, 화면이 사실적일수록 '보는' 사람들은 텍스트가 전달해 주는 서사에 더 쉽게 몰입하게 되었다. 텍스트의 수용자들은 시각화, 영상화된 '하나의 세계'를 공유하는 공동체가 되었다.

독자는 글로 묘사된 텍스트를 읽으며 상황을, 인물을, 장면을 상상한다. 개인의 경험이나 기존의 지식은 이러한 상상의 바탕이 된다. 따라서 활자 텍스트를 보는 독자는 비슷하면서도 서로 다른 상상을 하게 된다. 이것이 활자 텍스트가 가진 매력이라고 할 수 있다. 그러나 시각화나 영상화된 작품은 독자 개개인의 상상보다는 2차 창작자의 상상에 크게 의존한다. 2차 창작자 혹은 2차 창작자 그룹은 장르 요소를 보편적 다수에게 수용될 수 있도록 재해석하여 이를 매체에 구현한다. 시각화, 영상화된 매체는 훨씬 감각적이고 직접적인 까닭에 매체에 구현된 발신자의 권한은 수용자의 역할보다 커지기 마련이다. 만약 원전을 모르는 수용자라면 이렇게 제공된 시각 자료를 그 자체로 받아들이기 쉽다. 게다가 음악이나 특수효과 등이 덧붙여져 훨씬 더 그럴듯하게 실제처럼 그려진다면 수용자는 이를 훨씬 강렬한 이미지로 인식할 것이다.

시각화된 매체를 통해 장르를 학습한 사람들은 장르 구성 요소를 유사하게 인식할 확률이 높다. 그러다 보면 특정한 장르 요소를 비슷한 방식으로 활용하는 작품도 늘어나고 그것이 당연한 정의처럼 정착되기도 할 것이다. 작가와 독자 모두 장르 요소를 매우 피상적으로 이해하기 때문에 수많은 장르물이 넘쳐나는 가운데서도 장르 내부의 심오함을 더하거나 기존 장르를 전복하는 획기적인 작품은 많지 않다.

일부에서는 '새롭지 않은 스타일'의 복제가 만연하고 있다는 불만을 토로하기도 한다. 그러나 전통적인 장르의 관습과 형식을 따르지 않는다고 해서 웹소설의 가치를 폄하하는 일은 매우 부당하다. 우리가 웹소설을 그저 소설이라고 부르지 않고 웹소설이라고 부르는 것은 단순히 웹을 통해 발표되기 때문이 아니다. 웹소설이 기존의 종이책과 다른 방식으로 장르를 구현하기 때문이다.

매체 환경의 변화가 부정적인 현상만 양산한 것은 아니다. 마샬 맥루한(2001)은 미디어의 자극으로 인간이 본래 가지고 있던 감각의 단절이 발생한다고 지적한 바 있다. 인간이 수용할 수 있는 이상의 충격은 자연스럽게 감각의 단절로 이어진다. 그렇다고 회의론자들이 말하는 것처럼 감각의 단절이 인간의 무언가를 무디게 만들고 퇴화시키는 것은 아니다. 단절되는 감각이 있으면 이와 동시에 다른 영역의 감각이 확장된다. 웹소설은 감각의 단절과 확장을 선명하게 보여 주는 대표적인 사례이다. 웹소설은 하나의 장르를 심도 있게 파헤치는 집요함을 추구하지 않는다. 반면 전혀 다른 방식으로 확장을 시도한다.

새로운 서사의 등장

웹소설의 인물은 주로 아이콘, 삽화, 대화 장면을 활용하여 시청각적 이미지로 재현된다. 인물에 대한 묘사가 많은 반면 시간이나 공간 묘사는 그다지 중요하게 다루어지지 않는다. 웹소설은 '서사', 즉 '이야기'를 중요시한다. 짧은 시간에 독자의 흥미를 자극하고 시간을 재미있게 보낼 수 있는 작품을 만드는 것이 웹소설 작가의 첫 번째 고려사항이다. 특정 장르를 구현하기 위해 그럴듯한 이야기의 배경을 구축하는 것은 여전히 중요한 과정이기는 하지만 과거 종이책에서만큼 그렇게 중요하게 다루어지지는 않는다. 5~10분 정도의 시간에 한 회분의 독서가 끝나야 하는 웹소설의 특성상 시간이나 공간에 대한 상세한 묘사보다 더 중요한 것이 바로 이야기의 진행이다. 서사가 진행되지 않을 때 독자는 지루함을 느끼고 그다음 이야기에 대한 흥미가 반감될 수도 있다. 그렇기 때문에 웹소설에서는 인물, 배경, 상황에 대한 묘사가 필요한 경우에도 등장인물의 대사나 독백으로 재빨리 해결해 버린다. 무엇보다 중요한 것은 등장인물의 대사와 행위를 통해 직접적으로 이야기를 전개시키는 것이다.

서사에 치우치는 웹소설의 글쓰기 스타일은 새로운 매체 환경에 적응하면서 나타난 현상이라고 볼 수 있다. 자극적인 매체를 통해 장르를 학습한 웹소설 작가들에게는 장르의 배경을 세밀하게 묘사하는 재능보다는 장르 요소를 재치 있게 활용하면서 독특한 서사를 만들어 내는 재능이 더 필요해졌다. 웹소설 독자들은 특정 장르를 난해하고 심오하게 다루기보다는 장르를 비틀고 변주하면서 새로운 '이야기'를 만드는 데 더 열광한다. 웹소설에 여러 가지 변종 장르가 등장하게 된 현상도 바로 독자의 이러한 반응에 기인한 것이다.

현재 사용되는 웹소설 플랫폼을 보면 새로운 변종 장르를 흔하게 볼 수 있다. 로맨스와 판타지를 결합한 로맨스판타지, 무협을 신화적 이야기 결합한 무협판타지, 무협을 로맨스와 결합한 무협로맨스 등 웹소설에 장르 변종이 늘어나게 된 것도 작가가 장르의 경계 안에서 이야기를 만드는 것이 아니라 이를 가벼운 장치로 생각하면서 여러 장르 요소를 자유롭게 결합시키고 해체시키고 있기 때문이다. 새로운 이야기를 만들기 위해 장르 안에서 사용되지 않던 장르 외적 요소를 가져오는 수법이 광범위하게 사용되면서 장르와 장르의 결합을 통해 새로운 장르가 탄생하게 된 것이다.

《광해의 연인》, 《반월의 나라》, 《제국스캔들》 등을 발표한 인기 웹소설 작가인 유오디아의 성공 비결도 장르와 장르의 결합을 통한 새로운 장르를 개척한 데 있다고 볼 수 있다. 유오디아 작가는 주로 '역사'를 중요 소재로 다루는 작품을 집필하고 있지만, 정작 고등학교 때 국사 과목을 통해서 얻은 정도의 역사 지식이 그가 가진 전부라고 고백한다. 해외 유학까지 다녀오면서 역사에 지식을 쌓을 수 있는 기회가 더욱 줄어들었고, 그런 까닭에 역사를 배경으로 한 소설을 쓰기에는 자신의 지식이 충분하지 못하다고 오랫동안 자책했다고 한다. 그러던 중 학업을 마치고 도서관 수서부에서 일하게 되면서 우연하게 연산군의 시를 모아 놓은 책을 읽게 되었다. 그는 연산군의 예술가적 기질에 큰 감명을 받아 연산군을 주인공으로 한 소설을 쓰기로 작정했지만 결과는 대실패였다. 오랫동안 불안해했던 것처럼 역사를 배경으로 한 소설을 쓰기에는 자신의 배경지식이 많이 부족했기 때문이다. 그렇게 좌절을 맛보고 나서 문득 판타지와 역사를 섞으면 역사로맨스를 조금 더 쉽고 가볍게 쓸 수 있을 것이라는 생각이 들었다고 한다. 그렇게 구상을 하다 시간 여행을 할 수 있는 여주인공과 사복을 입고 적극적으로 의병 활동을 지원했던 광해군의 이야기를 결합하여 《광해의 연인》을 집필하기 시작했다(박수정 외, 2016).

유오디아 작가는 자신이 고백한 것처럼 역사를 배경으로 한 소설을 쓰기에 다소 부족했던 자신의 한계를 판타지라는 장르와 결합함으로써 극복했다. 더 많은 사료를 보고 관련 서적을 읽으면서 지식을 쌓는 정공법보다는 시간 여행이라는 판타지와 결합한 것이 유오디아 작가의 성공 비법이었다고 할 수 있다. 이러한 장르 결합 과정에서 새로운 이야깃거리가 발견되는 것이 오히려 웹소설이 성공하는 이유라고 할 수 있다. 다양한 장르의 장치를 혼용하며 장르의 경계를 무너뜨리는 시도가 웹소설 독자에게는 보다 더 참신하게 느껴지기 때문이다.

새로운 이야깃거리를 찾는 과정에서 장르와 장르의 결합뿐만 아니라 기존에 없던 하위 장르가 만들어지기도 한다. 기성세대에게 익숙하지 않은 게임소설이 대표적인 예이다. 아마 게임을 배제하고 21세기 대중문화를 논하는 것은 불가능할 것이다. 특히 인터넷과 스마트폰의 보급으로 게임은 21세기의 일상에서 떼려야 뗄 수 없는 문화 현상이 되었다. 이 일상을 기존의 판타지, 무협과 연결시킨 것이 바로 게임소설이다.

게임소설 장르는 일반적으로 두 가지 세계를 가지는데 현실 세계와 게임에 접속된 세계이다. 주인공은 흔히 게임에 접속함으로써 현실 세계와 다른 게임 세계로 진입하는데 주인공이 하는 게임의 종류에 따라 주인공이 경험하는 세계의 종류도 바뀐다. 현실 세계에 존재하는 게임은 판타지, 무협, SF 등 무궁무진한 종류가 있으니 게임소설의 장르도 그만큼이나 다양해질 수 있다. 그중에서도 가장 인기 있는 게임소설은 MMORPG(대규모

다중 사용자 온라인 롤플레잉 게임, massively multiplayer online role-playing game)를 소재로 하는데 여러 캐릭터가 게임에 로그인하여 갈등을 구성하고 또한 협력하며 모험과 환상을 충족시킬 수 있는 서사를 만들어 내기 쉽기 때문이다. 게임소설은 이미 하나의 독립 장르로 자리매김했다.[3] 게임에서 사용되는 팝업, 상태창을 지속적으로 반복해서 보여 주는 것은 게임에 익숙한 세대가 소설에 쉽게 몰입하도록 도와준다. 여기에 판타지나 무협과 같은 장르 요소가 덧붙여지면서 익숙하면서도 신선한 방식의 서사구조가 탄생한다.

이와 같이 웹소설은 종이책 시대처럼 이야기를 만들기 위해 특정한 장르의 전통을 고수하는 데는 큰 관심이 없다. 오히려 재미있는 이야깃거리를 발굴하여 도발적이고 독창적이며 신선한 서사를 발표하는 데 더 큰 관심이 있다. 본래 인터넷 콘텐츠는 그림, 음악, 텍스트, 동영상 등 다양한 요소를 결합하는 특징이 있다. 웹소설은 인터넷 콘텐츠가 형식을 연결하는 데 그치는 것이 아니라 콘텐츠 내부 서사구조에도 무수한 연결과 확산을 이루고 있다는 것을 보여 준다.

웹소설 작가의 글쓰기 안내서를 보면 대부분의 작가는 작가 지망생에게 읽기 쉽게 쓸 것을 요청한다. 현학적이거나 심오한 철학적 내용을 소재로 한 웹소설이 없는 것은 아니겠지만, 최근

---

3 2018년 TVN 드라마 〈알함브라 궁전의 추억〉은 기존 게임소설을 드라마로 제작한 것은 아니지만 현실 세계의 주인공이 게임에 로그인하여 게임 세계에서 겪는 모험을 그린다는 점에서 현재 웹소설에서 주류가 된 게임소설의 모티브를 차용하고 있다.

트렌드를 볼 때 웹소설 글쓰기에서 가장 유의할 점은 '쉽게 쓰기'와 '분량 조절'이다. '쉽게 쓰기'와 '분량 조절'이 중요한 지침이 된 것은 모바일이 웹소설을 유통하는 가장 중요한 매체가 되었다는 독서 환경의 변화에 따른 것이다. 웹소설은 스마트폰의 보급과 연동되면서 독자 수를 확대해 나갔다. 모바일이 웹소설을 유통하는 매체가 되면서 웹소설의 내용과 형식도 그에 따라 변화되었고, 그 결과 웹소설을 읽는 독자 수도 늘어난 것이다.

2018년 1월 발행된 한국콘텐츠진흥원의 《IP 비즈니스 기반의 웹소설 활성화 방안》(이하 《활성화 방안》)에 따르면 웹소설 플랫폼을 모바일로 접속한다는 이용자는 72%, PC로 접속하는 이용자는 28%로 모바일 접속 비율이 PC보다 2.5배 높은 것으로 나타났다. 흥미로운 현상은 웹소설 플랫폼 트래픽의 이용자 수가 주말(3.3%)보다 평일(66.7%)에 더 높게 나타난 점이다. 이는 웹소설 독자가 비교적 긴 시간 평안한 상태에서 독서를 하기보다는 바쁜 일상 중 자투리 시간을 이용한다는 사실을 반영한다. 플랫폼 이용 시간대도 22~24시가 44.5%로 가장 많았고 18~20시가 33.3%가 그 뒤를 이었는데 이는 퇴근 후 잠을 자기 전이나 퇴근 시간 중에 웹소설을 가장 많이 읽는다는 것을 보여 준다.[4]

바쁜 일상 중 잠깐의 휴식으로 재미있는 이야깃거리를 소비하고 싶은 사람에게 휴대가 편리한 스마트폰은 매우 유용한 기기이다. 그렇다면 작가도 이러한 독서 환경을 고려하여 작품을 발

---

4 12~14시와 00~02시는 모두 11.1%로 같은 비율을 차지했다.

표해야 한다. 이야기의 전개에 긴장감을 유지하면서도 짧은 시간에 읽을 수 있는 분량으로 글을 조절해야 한다. 글의 분량뿐만 아니라 스마트폰 화면 크기를 고려하여 문장의 길이나 서술의 호흡도 짧아져야 한다. 대화나 독백으로 이야기를 전개하거나 문단을 파괴하여 한두 문장으로 이루어진 문단을 사용하는 글쓰기는 웹소설에서 자주 보이는 형식이다. 이러한 글쓰기는 웹소설이 스마트폰을 통해 유통되는 것과 밀접한 관련이 있다.

웹소설은 기존 종이책의 순문학처럼 은유와 묘사를 통해 사건의 맥락을 독자가 오랜 시간에 걸쳐 사고하도록 하지 않는다. 인물과 사건에 대한 핵심 정보는 등장인물 간의 대화나 독백을 통해 직접 전달되는 경우가 많다. 웹소설은 독자가 짧은 시간 내에 빠르게 사건의 전개와 내용을 이해할 수 있도록 구성되어야 한다. 자투리 시간에 휴식을 겸하여 웹소설을 읽는 독자라면 호흡이 긴 묘사나 다층적인 해석을 불편해할 수도 있다. 대화로 구성된 글의 전개는 스마트폰 화면으로 보기에 불편함이 없고 독자에게 친근한 유행어나 신조어를 곁들인 구어체 사용이 가능하기 때문에 인물의 성격과 사건을 실감 나게 전달할 수 있다. 등장인물이 자신의 상황이나 생각을 독백을 통해 직접 전달하는 방법도 이야기의 긴장감을 유지하며 스토리를 빠르게 전개시킬 수 있어 웹소설에서 자주 사용된다.[5]

---

5 2019년 네이버는 웹소설·웹툰 애플리케이션 네이버 시리즈 광고에서 배우 수애, 김윤석, 이제훈, 변요한이 인기 웹소설의 감각적인 대사로 연기하는 모습을 공개했다. 광고에서 배우들은 이러한 대사들이 직설적이고 통쾌하며 낭만적이라고 품평했는데 네이버 시리즈의 광고는 웹소설의 강점이 '대화'라는 점에 착안한 것이다.

또한 웹소설에서는 문단 구분이 종종 파괴되기도 한다. 기성 문학계에서 문단은 내용의 변화를 형식적으로 표시하는 글의 단위로 매우 중시되었다. 그런데 웹소설에는 일정한 기준 없이 두세 문장마다 한 줄씩 띄어 서술되는 형식이 종종 발견된다. 대화를 기술할 때도 발화자를 구분하여 한 줄씩 대화를 띄어 쓰고는 한다. 이러한 문단 나누기는 스마트폰 화면으로 웹소설을 읽는 독자를 위한 장치이다. 작은 화면으로 소설을 읽는 독자를 고려하여 활자가 잘 보이게 하려는 것이다.[6] 문장 단위로 분절된 문단은 여러 문장으로 이루어진 문단을 읽는 것보다 훨씬 빠른 호흡으로 글을 읽어 내려갈 수 있게 해 준다. 문장 단위로 분절된 문단은 가독성을 높일 뿐만 아니라 독자의 긴장감을 확대하기도 한다. 독자는 여러 문장으로 이루어진 문단으로 된 글을 읽을 때보다 훨씬 속도감 있게 화면의 스크롤을 내려갈 것이고, 빠르게 화면의 스크롤을 내려가며 글을 읽는 것만으로도 이야기 전개에 대한 몰입도가 증가한다.

---

6 물론 웹소설이 종이책으로 인쇄되어 출간될 때는 기존 인쇄매체의 표현 방식으로 문단을 재구성하기도 한다.

웹소설 플랫폼의 나침반, 해시태그

스마트폰의 보급과 정보통신 기술의 발달로 이제 영화, 음악, 게임, 드라마, 만화, 소설 등 대부분의 문화 콘텐츠가 모바일을 통해 서비스되고 있다. 그런 까닭에 스마트폰 기반 서비스 플랫폼의 개발 경쟁도 갈수록 가속화되고 있다. 웹소설 플랫폼 사 간의 경쟁도 예외는 아니다. 웹소설 플랫폼은 창작자와 독자를 하나의 장으로 끌어들여 새로운 서비스의 가치를 창출하려고 시도한다. 무료소설과 유료소설을 동시에 연재하여 새로운 독자가 유입할 수 있는 통로를 열어 두고 웹소설 작가 지망생이 자유롭게 글을 올릴 수 있는 게시판을 운영하여 신인 작가가 활동할 수 있는 장을 마련하기도 한다. 또한 한편으로는 성공한 웹소설을 웹툰으로 연재하여 IP 확산을 도모하거나, 전자책으로 제작하여 유통시키는 등 새로운 수익 모델을 만들어 내기도 한다.

웹소설 플랫폼의 등장으로 웹소설의 상업적 가치는 크게 상승했다. 한국콘텐츠진흥원의 《활성화 방안》에서는 국내 TOP5 플랫폼 사가 2014년부터 2016년까지 평균 129.6%의 매출 신장을 기록했다고 발표했다. 《활성화 방안》에서는 2016년 웹소설 전체 시장규모가 약 1,800억 원이었고 2017년에는 약 2,700억 원이 될 것이라고 예측했다. 일부 보도에 따르면 2018년에는 4,000억 규모가 될 것이라고 추산되었다.

인터넷 소설을 웹소설이라고 부르게 된 것도 이즈음이다. 인터넷 소설이 웹소설로 바뀌게 된 계기는 '모바일+플랫폼'이란 유통 방식과 결합하게 된 것이 결정적이다. 네이버가 2013년 1월 15일 웹툰과 함께 웹소설 서비스를 제공하는 플랫폼을 출시하면서 웹소설이 인터넷 소설을 대체하여 일반적으로 사용하는 고유명사가 되었다. 네이버 웹소설이 출시한 지 얼마 되지 않아 경쟁업체인 다음도 2013년 4월 8일 모바일 콘텐츠를 기반으로 하는 카카오페이지를 출범했다. 이처럼 웹소설이란 명칭은 플랫폼 중심 유통이라는 함의가 내포되어 있다. 플랫폼 중심의 서비스가 대세가 되면서 인터넷 소설을 유통하던 온라인 커뮤니티들도 플랫폼 중심으로 서비스 방식을 전환했다. 본래 인터넷 문학 커뮤니티였던 문피아와 조아라도 비슷한 시기에 종합 웹소설 플랫폼으로 변신했다.

웹소설 플랫폼이 정착되면서 소설의 발표 형식에도 변화가 나타났다. 플랫폼은 대체로 연재 형식으로 웹소설을 발표한다. 웹소설은 대개 5~10분 남짓한 시간 동안 한 회 분량을 읽을 수 있도록 구성되어야 한다. 이 5분 동안 작가는 독자가 다음 연재분의 소설을 클릭하도록 모든 수단을 동원하여 독자의 흥미를 붙잡아 두어야 한다. 그러기 위해서는 웹소설 작가는 한 장면을 오래 끌어서도 안 되고, 비유가 많아 독자를 지루하게 만들어서도 안 되며, 짧고 미사여구 없는 간결한 문장을 사용해야 하고, 자극적이고 직관적인 이야기를 만들어 내야 한다(김남영, 2019). 웹소설 작가는 독자가 언제 어디서 읽어도 한눈에 들어오는 재미있는 소설을 써야 한다. 그렇지 않다면 웹소설의 홍수 속에서 그 작품은 주목받지 못하고 결국 사라지게 될 것이다.

따라서 앞서 설명한 것처럼 웹소설 작가는 스마트폰 화면에 최적화된 문단을 구성하고 대화 중심으로 서사를 전개한다. 그리고 이러한 글쓰기의 기술과 함께 중요하게 강조되는 것이 속칭 '절단신공'이라고 하는 내용 끊기이다. 작가는 회차당 약 5,000~5,500자의 글 속에 등장인물의 개성을 각인시키고 인상적인 사건을 전개시키는 것과 동시에 다음 회차에 대한 궁금증을 유발할 수 있는 적절한 시점에 이야기를 종료해야 한다. 그래야 독자가 다음 연재분을 클릭하고 계속 읽어 줄 것이기 때문이다.

플랫폼 중심으로 유통 구조가 바뀌면서 일정한 주기, 혹은 요일별로 웹소설이 연재되기 시작했고, 작가들은 이 형식에 맞추어 적당한 분량 조절과 절단신공 능력을 배양할 필요가 생겼다. 특히 플랫폼은 상업적인 수익구조를 명확히 하고 있기 때문에 작가가 이러한 능력을 얼마나 잘 발휘하는지에 따라 작가의 수명이 결정된다. 조회 수가 높지 않은 작가는 연재를 중단하거나 작품을 서둘러 마무리하는 경우가 많기 때문이다. 플랫폼의 생리에 맞추어 글을 쓰는 것이 웹소설 작가의 불문율이 되기 시작했다.

플랫폼이 웹소설을 유통하기 시작하면서 웹소설의 상업성은 더욱 강화되었다. 플랫폼이 수익을 지나치게 강조하면서 웹소설 작가의 권익이 침해당하는 사태가 불거진 경우도 있다.[7] 또한 상

---

7   2017년 레진코믹스가 누적적자를 이유로 갑작스럽게 서비스 종료를 선언하면서 소설을 연재하던 작가나 선계약을 맺고 작품 연재를 준비하던 작가 등이 피해를 본 사례가 대표적이다.

품성이 최우선의 고려 사안이 되면서 작품성에 대한 고민은 점차 웹소설 작가에게도 사치가 되고 있다. 김남영(2019)은 작가들이 서로 우스갯소리로 '쓰고 싶은 게 있으면 뜨고 나서 써!'라고 한다며 웹소설은 독자의 니즈를 만족시키기 위한 서비스직과 같다고 이야기한다. 작가에게는 독자는 없어서는 안 될 고객이고 작가는 독자의 기대치를 충족시키는 노동자라며 자조 섞인 목소리를 내기도 한다(김남영, 2019).

분명 웹소설은 문학계의 엄숙주의나 기존 작가의 권위에 도전하여 글쓰기를 희망하는 사람은 누구나 자유롭게 인터넷에 글을 올리게 된 현상을 기원으로 한다. 누구나 자기가 하고 싶은 이야기를 공유할 수 있는 공간이었던 인터넷에 기업이 참여하면서 일종의 유통마켓, 플랫폼이 설립되었고, 하고 싶은 이야기를 쓰고 싶은 자유가 자본의 논리에 잠식되어 가고 있다고 우려하기도 한다. 조회 수를 높여 수익을 올려야 한다는 압박이 심해지면서 지나친 독자 중심주의와 시장 논리가 웹소설계를 장악하게 된 것이다.

이런 상황이 계속된다면 작품성 높은 웹소설이 등장하기는 더더욱 어려워진다. 웹소설 작가는 이야기의 처음과 끝을 정해 두고 나머지 부분은 연재를 하면서 그때그때 채워 넣는 경우가 많다. 연재되는 동안 조회 수를 높이기 위해 매회 흥미롭고 자극적인 서사로 이야기를 끌고 나가다 보니 작가가 정해 놓은 처음과 끝, 그리고 중간 전개 사이에 유기성이 떨어지고 앞뒤 맥락이 맞지 않는 일도 종종 발생한다. 그러나 이러한 지적이 있을 때도 작가나 독자 모두 크게 괘념치 않기도 한다(최배은, 2017). 웹소설은 글을 읽는 순간의 흥미와 재미를 최고의 목표로 하기 때문이다.

만약 작가가 전체적인 플롯 구조를 치밀하게 계획해 두었다고 해도 댓글과 같은 독자의 반응이나 조회 수 때문에 미리 설정한 플롯을 변경하기도 한다. 도전적이고 재기 발랄했기 때문에 참신했던 웹소설이 점차 구태의연해지기 시작한 것도 수익이 지나치게 강조되면서부터이다. 만약 특정 작품이 크게 히트하면 많은 작가가 히트한 장르소설의 공식을 연구하고 그와 비슷한 아류작을 쏟아 낸다. 무엇을 쓸 것인가가 아니라 팔리는 작품을 쓰겠다는 의지가 웹소설 판을 좌지우지하게 되었다.

웹소설 플랫폼이 정착되면서 검증된 스토리의 재배열과 균질화라는 부작용이 심화되기 시작했다. 낯선 서사보다는 '마스터 플롯'[8]이라는 익숙하고 변주하기 쉬운 검증된 스토리를 재배열하는 형태로 서사를 전개시키는 소설이 늘어난 것이다(안상원, 2017).

안상원(2017)은 장르를 불문하고 마스터 플롯이 반복적으로 사용되면서 웹소설의 통속성이 강화되었으며, 서사의 발랄함과 진정성이 사라지게 되었다고 아쉬워한다. 그뿐만 아니라 마스터 플롯이 광범위하게 사용되면서 웹소설 간에 표절 논란이나 '예상 표절'까지 다양한 문제가 예상되고 있다. 그는 최근 웹소설의 표

---

8   대표적인 마스터 플롯으로 궁중서사, 남장여자, 환생, 이계 진입, 회귀, 영혼 체인지 등을 들 수 있다.

절 논란이 키워드화된 서사구조 안에서 이루어지는 공방이라는 점에 주목한다. 전형적인 장르의 문법과 클리셰의 결합으로 만들어진 웹소설이 늘어나면 작가들 사이에서는 표절 논란이 빈번하게 벌어진다.

이와 더불어 유행하는 서사 모티브를 관찰하다 보면 향후 1년간 유행할 이야기를 쉽게 예측할 수 있다. '예상 표절'은 웹소설 작품들이 참신하거나 새로운 이야기를 만들기보다는 기존의 서사 모티브를 재배열하거나 캐릭터를 재해석하여 작품을 구성한다는 의미이다. 웹소설 작가들은 트렌드를 적극적으로 수용하여 독자의 선택을 받으려는 경향이 있기 때문에 특정 서사 모티브가 유행할 때 한동안 많은 장르에서 이를 적극적으로 차용하는 경우를 흔하게 보게 된다.

또 다른 문제는 동질성이 높은 마스터 플롯을 재활용하면서 독자의 흥미를 돋우기 위하여 자극적인 설정이 도를 넘는 경우가 늘어나고 있다는 점이다. 최근 웹소설 작가들은 플롯 자체에 변화를 주기보다는 롤리타 콤플렉스, 근친상간 등 자극적인 소재나 설정을 만들어 내는 데 더 많은 관심을 쏟고 있는 것 같다. 19세 이상 관람가의 웹소설 연재가 늘어나는 것도 이러한 현상을 반영한다. 그런 까닭에 설정과 캐릭터 개발에 가장 많은 창의성과 기발함이 요구된다. 차별성을 주기 위해 익숙한 '마스터 플롯'에 일부러 자극적인 소재와 설정을 활용하는 웹소설이 범람한다면 웹소설의 매력은 가면 갈수록 경감될 것이다. 지나친 상업화가 가져온 폐해이다.

최근 웹소설 플랫폼은 배경과 등장인물의 관계, 분위기뿐만 아니라 인물의 특징을 잘게 세분화된 다양한 선택지를 제공하고 있다. 덕분에 독자는 자신의 취향에 따라 웹소설을 선택하기가 한결 편리해졌다. 이런 측면에서 보자면 플랫폼이 정착되면서 독자가 선택할 수 있는 웹소설의 범위는 더욱 확대된 것처럼 보인다.

인터넷은 무한한 정보의 바다이다. 풍부한 정보가 있다는 것은 좋은 일이지만 찾고 싶은 자료가 명확한 사람에게는 인터넷은 복잡한 미로와 같기도 하다. 정보의 바다에서 최근 길잡이 역할을 톡톡하게 하고 있는 것이 바로 해시태그(#)이다. 본래 해시태그는 해시(#)를 붙인 태그를 트위터 내용에 적어 두면 링크가 형성되어 같은 태그를 작성한 글을 모아 볼 수 있게 해 주는 트위터의 기능 중 하나였다. 그러나 최근에는 특정 주제에 대한 관심과 지지를 나타내는 방식으로도 사용되어 주제어를 지정하면 검색에 편리하고 특정한 이슈에 공감을 표시하는 것까지 할 수 있어 인터넷상에서 광범위하게 사용된다. 너무나 방대한 정보가 빠른 속도로 흘러가는 인터넷 세상에서 정보가 분산화·파편화되는 불편함을 줄이기 위해 해시태그가 사용되는 것이다. 트위터에서 시작한 해시태그는 이제 모든 SNS가 즐겨 사용하는 기능이다. 웹소설도 마찬가지이다.

최근 웹소설의 작품 소개에 해시태그가 즐겨 사용된다. 작품의 배경, 분위기, 여주와 남주의 캐릭터 등을 보여 주는 키워드를 해시태그와 함께 사용하여 유사한 작품을 갈무리할 수 있도록 도와준다. 일례로 리디북스에서 전자책으로 만들어 판매하는 한 로맨스 소설의 작품 소개에는 #현대물, #동거, #로맨틱코미디, #사내연애, #능글남, #달달물, #전문직, #갑을관계, #평범녀, #직진녀, #츤데레남 등 10여 개가 넘는 키워드가 해시태그로 연결되어 있다. 물론 해시태그를 클릭하면 같은 카테고리의 다른 작품을 추천해 주기도 한다.

리디북스는 해시태그를 사용하여 작품을 소개할 뿐만 아니라 장르별로 자신의 취향이 반영된 키워드를 통해 작품을 검색할 수 있는 서비스도 제공하고 있다. 예를 들면 판타지무협 장르의 키워드는 다음과 같은 몇 가지 카테고리로 나누어져 있다. 독자는 #키워드로 검색하기 창으로 들어가 자신의 취향에 맞추어 장르, 스토리, 직업/소재, 분위기/기타에 해당하는 키워드를 조합하여 이에 해당하는 작품을 추천받을 수 있다.

카카오페이지도 AI 키토크를 사용하여 독자가 취향에 맞추어

리디북스의 판타지무협 키워드 검색하기

	연재	단행본
장르	정통판타지, 스포츠물, 기갑판타지, 대체역사, 신무협, 전통무협	
스토리	먼치킨, 회귀물, 레이드물, 성장물, 연예계, 전문직, 생존물, 경영물, 귀환물, 환생물, 차원이동물, 복수물, 전쟁물, 학원물, 하렘물	
직업/소재	이능력, 게임시스템, 만능회사원, 마법사, 기사이야기, 마검사, 진짜군인, 궁극의 검사, 전사이야기, 도적/암살자, 네크로맨서/흑마법사, 정령사/소환사, 검객이야기, 무사의길, 도사/퇴마사, 왕자의삶, 제왕탄생, 마법도구, 축구, 야구	
분위기/기타	통쾌함, 유쾌함, 고독함, 비장함, 에로틱함, 오만함, 잔잔함, 서정적	

작품을 선택할 수 있는 서비스를 제공하고 있다. 플랫폼 사나 작가가 카테고리와 키워드를 제공하는 것과 달리 AI 키토크는 이용자 반응을 분석해 키워드를 제공한다. 키토크(keytalk)는 '핵심(key)이 되는 이야기'라는 뜻으로, 해당 작품의 맥락뿐만 아니라 트렌드, 댓글 등 다양한 채널에서 대중의 반응과 이야기(talk)를 인공지능이 포괄적으로 학습해 이를 필터 형태로 검색하는 서비스를 제공한다. 카카오페이지는 AI 키토크가 유저의 실세 반응과 취향을 실시간으로 반영한다는 점에서 기존 키워드 검색 방식과 크게 다르다고 설명한다. 실시간으로 생성되는 실제 사용자의 반응이 서비스에 반영되다 보니 '꿀잼', '밀당하는' 등과 같은 현실감 있는 키토크가 실시간 순위권을 차지하며 독자 입장에서 자신의 입맛에 맞는 작품을 고르기 한결 편리해졌다는 것

2019년 9월 9일 AI 키토크 키워드

독자 반응	재미있는, 괜찮은, 잘읽히는, 기대되는, 대단한, 행복한, 꿀잼인, 웃긴, 빠른, 고마운, 건필하는, 믿고보는, 소름돋는 등
캐릭터	귀여운, 부러운, 멋있는, 불쌍한, 안타까운, 예쁜, 엄청난, 착한, 멍청한, 강한, 매력있는, 똑똑한, 재수없는 등
스토리	미친, 화나는, 깔끔한, 지루하지않은, 삽질하는, 상식적인, 환장하는, 깨끗한, 표현력 좋은, 철저한, 섬세한, 자세한 등
분위기	무서운, 슬픈, 설레는, 달달한, 진지한, 고통받는, 밝은, 밀당하는, 씁쓸한, 뜨거운, 격한, 평화로운, 달콤한 등
장르	판타지, 현판, 로맨스, 로판, 무협
열람자 수	50만 명, 30만 명, 10만 명
댓글 수	2만 개 이상, 1만 개 이상, 5,000개 이상, 1,000개 이상
연령 등급	전체 관람가, 15세 이상 관람가

이다. 이미 화제가 된 유명 작가나 작품명을 키워드로 검색어로
사용하는 것과 달리 AI 키토크는 광범위한 데이터를 분석 대상
으로 하는 만큼 독자가 자신의 취향에 맞은 작품을 선택하기가
한결 수월해졌다.[9]

웹소설이 매주 연재되는 형식으로 업로드되다 보니, 종이책을
읽는 것처럼 한 권의 책을 다 읽고 그다음 책으로 넘어가는 것이
아니라 여러 연재물을 동시 다발적으로 찾아 읽는 것이 웹소설
의 독서 습관이다. 매회 분량이 5~10분 남짓이기 때문에 웹소설
독자는 휴식 시간에 여러 편의 웹소설을 연속해서 읽기도 한다.
따라서 독자의 취향에 맞추어 그때그때 읽고 싶은 소설을 적절
하게 서비스해 주는 기능이 더욱 중요해진 것이다. 카카오페이
지가 AI 키토크 서비스를 제공하게 된 배경이다.

클리셰를 극복하기 위하여

그렇다면 이렇게 엄청나게 다양한 키워드로 세분화된 선택지
를 독자에게 제공하는 것이 웹소설의 발전에 유리하게 작용할
까? 세밀하게 분절된 키워드는 역설적이게도 다양성을 암시하기
보다는 웹소설의 클리셰를 보여 준다. 독자가 취향에 맞는 소설
을 선택하는 것은 자신에게 익숙한 스타일의 스토리를 고르는

---

9 카카오페이지의 AI 키토크에 대한 설명은 세계일보 2019년 8월 27일 자 〈마이셀럽스,
   카카오페이지에 'AI키토크' 검색·제공〉 기사를 참고했다.

과정이다. 독자는 키워드를 선택할 때 그 키워드가 무엇을 의미하는지 알고 있으며 어떤 설정에, 어떤 분위기일지도 대강 짐작한다.

물론 그렇다고 모든 웹소설이 구태의연하고 익숙한 이야기만 반복하는 것은 아니다. 웹소설은 재해석과 재구조화를 통해 여전히 새로운 독자층을 창출해 내고 있다. 그런 까닭에 국내 유명 플랫폼의 독자는 지속적으로 늘어나는 추세이다. 그뿐만 아니라 큰 인기를 끈 웹소설은 IP 판매를 통해 드라마와 영화로 제작되어 웹소설 팬의 지지가 아니라 성공한 대중문화 상품으로서 그 가치를 인정받기도 한다. 흥행에 성공한 웹소설 작품은 웹툰에 익숙한 세대를 유인하기 위해 웹툰으로 제작되기도 한다. 2018년 tvN 드라마로 제작되어 인기를 끌었던 《김비서가 왜 그럴까?》와 게임판타지 소설로 선풍적인 인기를 얻은 《달빛조각사》는 웹툰으로 만들어졌다. 게임판타지인 《달빛조각사》는 모바일 게임으로 제작되어 출시되었다. 2019년에 드라마화된 〈저스티스〉를 본 시청자는 인물 설정과 이야기 전개에 크게 흥미를 느끼고 드라마 뒷이야기가 궁금하고, 원작과 드라마를 비교해 보는 재미를 느껴 보고 싶어 드라마를 본 후 거꾸로 원작을 찾아 읽었다고 한다(문화일보, 2019. 8. 1). 웹소설이 드라마나 영화로 제작되면 드라마의 시청자나 영화의 관객이 거꾸로 웹소설을 찾아 읽어 원작이 된 웹소설의 조회 수나 전자책 판매가 급증하기도 한다. 이처럼 웹소설이 다른 매체를 기반으로 한 문화 콘텐츠로 전환되는 경우가 적지 않은 것은 바로 웹소설이 가진 이야기의 힘이 여전히 강한 경쟁력을 갖고 있기 때문이다.

일부에서는 웹소설이 웹툰보다 영상화에서 더 경쟁력이 있다고 평가하기도 한다. 웹소설은 활자로 기술되기 때문에 드라마나 영화 등으로 전환되는 과정에서 새로운 이야기가 첨가되는 등 흥미로운 요소가 덧붙여질 여지가 웹툰보다 더 많다는 의견이다. 웹툰은 시각화된 이미지가 제공되기 때문에 독자는 웹툰을 읽으면서 인물과 배경에 대해 비교적 구체적인 인상을 갖게 된다. 그런 까닭에 영상화된 결과가 자신의 기대와 다를 때 쉽게 저항감을 느낄 수 있다. 웹소설은 그런 측면에서 다른 매체로 전환될 때 제2의 창작자가 자유롭게 창의력을 발휘할 여지가 있고 독자도 텍스트로 접했던 인물과 배경이 어떻게 묘사될지 기대감을 갖기 때문에 웹소설은 드라마나 영화로 제작하기 적합하다. 실제 웹소설의 드라마화가 보다 활발하게 이루어지고 있으며 그 성적도 나쁘지 않다.

웹소설의 플랫폼 유통이 단점만 있는 것은 아니다. 대부분의 플랫폼은 창작자와 정식 계약을 맺고 합법적으로 창작자의 저작권을 보호하도록 하고 있다. 유저의 편리성을 최우선시한 인터페이스의 개발로 독자가 웹소설을 손쉽게 찾고 읽을 수 있는 서비스 개선도 활발하게 이루어지고 있다. 이를 반영하듯 웹소설 이용자 수도 크게 늘어났고 플랫폼 수익도 비약적으로 늘어났다. 웹소설 작가 지망생도 크게 늘어나고 있다. 대표 웹소설 플랫폼 문피아의 경우 2019년 현재 등록된 작가 수가 4만 여명에 달하며, 매달 2,000여 명의 작가가 작품을 등록하고 있고 150여

명의 작가가 유료 작가로 활동하고 있다. 문피아의 회원 수는 2014년 33만 명에서 2018년 85만 명으로 세 배 가까이 늘어났다 (서울신문, 2019. 5. 27).

그러나 이러한 성공에도 불구하고 일부에는 마스터 플롯의 무한 반복과 자기 복제로 웹소설의 질적 저하가 뚜렷하게 나타나며, 웹소설이 흥미와 쾌감의 소비재로 전락해 버렸다는 지적도 있다. 웹소설 플랫폼 사가 '양질의 웹소설 창작자 발굴'을 운영상 어려운 점으로 꼽은 것은 이러한 위기의식을 반영한 것이다.[10] 플랫폼은 더 많은 독자를 회원으로 유인하기 위해서라도 양질의 작품을 유치해야 한다. 여러 플랫폼 사가 독자를 사로잡을 매력적인 웹소설을 발굴해 내기 위해 억대 공모전을 연달아 열고 있는 이유이다.

네이버는 2019년 4월 총상금 8억 4,000만 원을 내걸고 지상 최대의 공모전을 개최했으며, 문피아는 총상금 7억 원을 걸고 공모전을 진행했다. 이는 지난해 공모전보다 상금을 두 배로 늘린 금액이었다. 2018년 카카오도 6억 원이 넘는 상금을 걸고 공모전을 치렀다(문화일보, 2019. 8. 1). 상금이 늘어난 만큼 응모 작품 수도 늘어나 2019년 문피아 공모전에 총 4,700편이 접수되었는데 이는 2018년 3,000편에 비해 57%가 증가한 것이다(서울신문, 2019. 5. 27). 이렇게 공모전 상금이 늘어난 현상은 웹소설 시

---

10 《활성화 방안》 조사 대상자들이 꼽은 플랫폼 운영의 어려움은 '양질의 웹소설 창작자 발굴의 어려움'이 전체의 44.4%로 가장 높았고 그다음으로 '플랫폼 홍보 및 마케팅의 어려움'(22.2%), '웹소설 플랫폼 운영을 위한 자금조달의 어려움'(11.1%), '계약 진행 과정상 창작자와 소통의 어려움'(11.1%), '제도적 지원 미비'(11.1%)의 순으로 나타났다.

장이 그만큼 호황이라는 것을 반영하는 한편, 판에 박히지 않는 신선하고 재기 발랄한 작품을 발굴해야 하는 플랫폼 사의 절실한 바람을 반영하고 있기도 하다.

그 일환으로 문피아는 웹소설 작가 지망생을 위한 아카데미를 열고 웹소설 작가를 양상하는 클래스를 운영하고 있다(에듀인뉴스, 2019. 3. 21). 동영상 시대에 최근 2030세대를 중심으로 한 글쓰기붐의 원인에 대해 '영상은 콘텐츠를 만들 때 기술적 측면에서 한계가 많지만 글은 내가 원하는 건 무엇이든 만들어 낼 수 있다는 점에서 큰 매력을 느꼈다'는 웹소설 작가 지망생도 이 클래스에 참여하고 있다(동아일보, 2019. 8. 11). 영상시대라고는 하지만 영상의 기술적 부분을 제외하고 그 대부분을 채우는 것은 결국 콘텐츠이다. 자신의 상상력으로 콘텐츠를 창작하고 싶은 욕구와, 이야기를 만들어 그것을 남에게 들려주고 싶어 하는 본능이 여전히 창작의 길로 사람들을 이끌고 있다.

chapter 3

웹소설 국내 사례:
게임소설 《달빛조각사》

웹소설 국내 사례: 게임소설《달빛조각사》

게임에 빠진 세대

  새로운 매체의 등장으로 변화한 글쓰기 환경과 독서 습관이 가장 많이 반영된 웹소설 장르는 아마도 게임소설일 것이다. 흥미로운 사실은 게임소설이 젊은 독자층의 일상을 반영한 친숙한 소재를 채택하여 스토리를 구성하면서도 인물 구성이나 플롯 구조는 기존의 무협소설이나 판타지 소설에서 흔하게 볼 수 있는 방식을 따르고 있다는 점이다. 그렇다면 게임소설은 어떤 점에서 참신할까? 바로 '게임'이 현실과 판타지를 이어주는 매개체가 된다는 사실이다.

  어쩌면 게임은 가장 논란이 많은 문화 콘텐츠라고 할 수 있다. 2019년 5월 게임중독을 마약, 알코올, 담배 중독처럼 질병으로 분류해 치료 대상으로 삼아야 한다는 안건이 세계보건기구(WHO)에서 통과되면서 게임을 둘러싼 논쟁은 다시 불타오르고 있다. WHO는 게임중독의 유해성이 의학적으로 충분히 입증되었다고 판단하고 각 회원국에 게임중독을 질병으로 치료하도록 권고했다. WHO의 개정안은 유예기간을 거쳐 2022년부터 적용

될 예정이다(매일경제, 2019. 5. 26). WHO가 게임중독을 질병으로 분류하기 이전에도 한국에서는 게임등급 분류나 셧다운 제도를 둘러싼 갈등과 논쟁이 오랫동안 벌어지고 있었다. 일부에서는 이런 상황을 답답하게 바라보고 있기도 하다. 게임을 경제 발전을 위한 산업이나 청소년 보호를 위한 규제의 대상으로 여기는 인식이 지나치게 시대에 뒤처져 있다는 것이다. 이런 의견을 가진 사람에게 게임은 회화, 서사, 음악, 영화와 같은 전통적이예술 형식을 융합하여 새로운 기술과 접목한 21세기 종합예술이다. 게임이 인간의 미적, 감성적 욕망을 해방하고 시공을 초월하는 상호작용을 실현 가능하게 하는 것을 보고 있노라면 게임의 무한한 성장 잠재력이 실감 나기도 한다.

게임의 효용성에 대한 논란과는 무관하게 게임의 사회적 영향력은 갈수록 커지고 있다. 한국콘텐츠진흥원(2018a)의 《2018년 게임이용자 실태조사 보고서》에 따르면 조사 대상자 중 10대의 91.9%, 20대의 86.9%, 30대의 84.4%가 게임을 이용한다고 응답했다. 게임은 이미 젊은 세대의 일상을 구성하는 중요한 여가 활동이며 또래집단과 공유하는 대표적 문화 활동이다. PC방을 주 1회 이상 이용하는 사람을 대상으로 한 PC방 방문 목적에 대한 설문에서도 게임은 91.8%로 압도적으로 높은 순위를 점했다.[1] 또한 PC방에서 게임을 하는 이유에 대해서도 응답자는 친구/동

---

1   게임 이용자 중 주 1회 이상 PC방을 이용한다고 응답한 사람은 29.5%였다. PC방에서 주로 하는 활동은 게임 91.8%, 커뮤니티/블로그 활동 31.5%, 정보검색 27.2%, 사무처리/문서작성 11.0%, 채팅 8.5%, 동영상 시청 8.3%, 이메일 7.2%, 기타 0.7%로 나타났다. 이 순위는 1순위와 2순위 응답을 합한 결과이다.

연령별 PC방에서 게임을 하는 이유

연령	보기 항목							
	친구/동료와 어울리기 위해	PC 사양 (성능)이 좋아서	시간을 때우기 위해	PC방 프리미엄이 있어서	패키지 게임을 이용할 수 있어서	월정액 게임을 이용할 수 있어서	집/학교에서는 PC(게임) 이용을 못 해서	기타
10대	64.3	44.9	30.7	14.2	26.3	2.3	11.2	1.6
20대	59.3	52.5	30.9	26.0	16.9	5.8	4.0	0.4
30대	54.9	48.6	38.3	20.0	15.6	12.2	5.2	0.0
40대	42.9	53.7	38.6	18.6	14.4	14.6	11.4	0.0
50대	34.0	71.2	41.9	10.6	23.5	14.1	4.7	0.0

출처: 한국콘텐츠진흥원(2018a).

료와 어울리기 위해서라고 대답한 경우가 가장 많았다. 10대는 가장 높은 비율로 친구/동료와 어울리기 위해서라는 답변을 했고, 10대만큼은 아니지만 20대와 30대도 조사 문항 중 가장 높은 비율로 같은 답변을 선택했다. 여러 가지 논란이나 논쟁에도 불구하고 청년 세대는 친구들과 모여 PC 게임을 하는 것을 특별할 것 없는 놀이의 일환이라고 여기는 것이다.

　게임이 플랫폼이 모바일로 전환되면서 게임인구는 성별과 세대를 초월하여 확대되고 있다.[2] 〈모바일 게임과 PC 게임 이용자 비교〉는 모바일 게임의 이용자가 PC 게임보다 더 다양하다는 사실을 보여 준다. 일단 더 많은 게임의 유저가 PC 게임보다 모바일 게임을 선호하고 있을 뿐만 아니라 여성 이용자와 40대 이상

---

[2]　게임 이용자 중 플랫폼별 이용률은 모바일 88.3%, PC 59.6%, 콘솔 15.4%, 아케이드 10.6%로 나타났다(한국콘텐츠진흥원, 2018a).

모바일 게임과 PC 게임 이용자 비교

	이용률	남성	여성	10대	20대	30대	40대	50대	60~65세
모바일	88.3%	59.6	59.1	81.7	74.5	76.4	46.8	45.3	29.6
PC	59.6%	52.5	27.0	66.3	61.9	49.2	31.2	21.9	8.6

출처: 한국콘텐츠진흥원(2018a).

의 장년층 유저 비율에서도 모바일 게임은 PC 게임을 앞섰다. 모바일로 플랫폼이 전환되면서 기존 PC 기반 게임 유저가 아니었던 사람들도 새로운 이용자층으로 유입되고 있는 것이다. 게임인구가 늘어날수록 게임이 사회에 미치는 영향은 확대될 것이고, 게임과 일상생활과의 연관성은 더욱 높아질 것이다.

요한 호이징가는 "놀이는 문화보다 오래되었다. 모든 놀이는 자발적 행위이며 인류의 역사와 더불어 함께해 왔고 다양하게 발전했다. 인간은 생각하는 인간인 동시에 놀이하는 인간이었다"라고 설명하며 인간을 놀이하는 인간, 즉 '호모루벤스'라고 명명했다. 우리는 보통 놀이와 생산을 구분하며 생각하지만 놀이는 인간 행위의 근본이며 놀이를 통해 삶의 양식과 사고가 전환되는 계기가 만들어지기도 한다. 왜냐하면 놀이는 비생산적이고 비효율적인 활동이 용인되는 영역이기 때문에 창의성이 발휘되고 다양한 실험과 시도가 가능해진다. 만약 우리에게 놀이가 없다면 인간의 진보와 사회의 발전에 필요한 실험과 시도는 어디서 가능할 것인가?

누군가에게는 인생의 낭비이고 개도되어야 할 행위에 불과한 게임문화에 주목하는 이유도 이것이 바로 놀이의 한 형태이기 때문이다. 인간의 역사에서 놀이가 사라진 적이 없다고 한다면 이 새로운 놀이의 폐해만 강조할 것이 아니라 게임이 우리에게 어떤 새로운 변화의 전기를 마련해 주고 있는지 함께 생각해 봐야 할 것이다. 상술했듯이 게임 창작자와 일부 문화평론가는 게임을 21세기 종합예술의 한 형태라고 칭한다. 그렇다면 게임은 이 책이 주로 다루고 있는 이야기, 즉 웹소설과는 어떤 연관성이 있을까?

게임, 소설을 품다

게임과 소설의 연관성에 관한 가장 단순한 설명은 소설을 원작으로 한 게임들이 다수 출시되었다는 사실일 것이다. 게임에 별 관심이 없는 사람이라면 게임이 원작소설을 바탕으로 하는 2차 창작물이라는 사실에 놀랄 수도 있다. 도대체 게임과 소설이 무엇을 공유할 수 있을지 의아할 수도 있다. 그러나 게임 창작에서 가장 중요한 것이 매력적이고 참신한 설정, 설득력과 개연성을 고루 갖춘 전개와 반전이라고 한다면 게임이 꽤 잘 만들어진 원작소설에서 그 토대를 가져오는 것도 이해하지 못할 일은 아니다.

원작소설을 바탕으로 하는 작품 중 가장 드라마틱한 성공을 보여 준 예는 아마도 폴란드의 자랑이자 국보라고 일컬어지는 '더 위쳐(The Witcher)'가 아닐까 싶다.[3] '위쳐'는 폴란드 게임 개발업체 CD 프로젝트 레드를 일약 RPG 명가로 발돋움시킨 작품이다. 그중에서도 특히 2015년에 발매된 '위쳐 3: 와일드 헌트'는 역대 최고 수준의 스토리텔링을 보여 준 RPG로, 전 세계적으로 1,000만 장 이상이 판매되는 등 어마어마한 인기를 얻었다. 이런 명성을 바탕으로 '위쳐'는 최근 넷플릭스에서 드라마로 제작하는 것은 물론이고 의류, 만화, 피규어 등 다양한 상품으로 프랜차이즈화되고 있다. 폴란드 총리가 '더 위쳐 2'를 버락 오바마 미국 대통령에게 외교 선물로 전달했을 정도로 '위쳐'는 폴란드를 대표하는 문화 콘텐츠이다.

이렇게 성공적인 '위쳐'도 처음에는 아무도 주목하지 않은 변두리에서 탄생했다. '위쳐'의 원작자인 안제이 사프콥스키(Andrzej Sapkowski)는 폴란드에서 가장 유명한 SF 판타지 잡지였던 《판타스티카》와 계약을 맺고 영미권 소설을 번역해서 잡지에 싣는 일을 하고 있었다. 그러던 중 판타스티카가 신작 소설을 모집하는 공모전을 개최한다는 소식을 듣고 30쪽 분량의 짧은 소설을 하나 집필하여 공모전에 응모했다. 이 소설이 바로 '위쳐' 원작이 되는 《비에즈민(Wiedźmin)》이다.

비에즈민은 폴란드 민속설화와 동화를 뒤섞은 이야기를 하드보일드한 문체로 풀어낸 작품으로, 그때까지 폴란드에는 없던 특색의 작품이었다. 당시 발표된 비에즈민의 내용은 이러했다.

---

3 이어지는 '더 위쳐'의 제작에 관한 뒷이야기는 《게임메카》 이새벽 기자의 2018년 특집기사 〈소설과 게임으로 나뉜 위쳐, 그리고 드라마〉를 인용하거나 정리한 것이다. 더 자세한 내용은 해당 기사를 참조하라.

괴물 사냥꾼 게롤트는 폴테스트 왕의 호출을 받고 왕성 비지마에 도착한다. 폴테스트 왕은 게롤트에게 매우 기이한 의뢰를 하는데 밤마다 출몰하는 괴물 스트리가를 막되 죽이지는 말라는 것이었다. 이 황당한 이야기에 게롤트는 왕과 신하들에게 자초지종을 묻고, 곧 복잡한 사연의 이야기를 듣게 된다. 사실 괴물은 왕이 근친상간으로 낳은 딸이었다. 폴테스트 왕은 왕자 시절에 여동생인 공주와 사랑을 나누어 딸을 갖게 됐다. 그러나 주변 사람은 왕자와 공주를 크게 흉보며 저주했고, 그 탓인지 공주는 출산 중 사망했고 살아남은 딸은 저주를 받아 요괴가 되어 사람들을 해치기 시작했다. 폴테스트 왕은 괴물이 된 딸을 포기하지 않았다. 오히려 괴물을 죽이는 대신 저주를 풀고 사람으로 되돌릴 방법을 수소문했다. 그러다 결국 수탉이 세 번 울 때까지 스트리가가 관으로 돌아가지 못하면 저주에서 해방되어 사람으로 돌아온다는 전설을 듣게 되었다. 그때부터 왕은 스트리가를 밤새도록 붙잡아 둘 사람을 백방으로 찾기 시작했다. 왕의 의뢰를 받은 게롤트는 괴물의 특징을 이용한 미끼, 비약, 주술, 은제 무기 등을 활용해 스트리가를 쫓아내고 괴물의 관에 스스로 들어가 안쪽에서 문짝을 걸어 잠그고 아침이 올 때까지 기다린다. 결국 게롤트 때문에 관으로 돌아가지 못한 스트리가는 난동을 부리다 아침 햇살을 맞는다. 결국 저주는 풀리고, 스트리가는 작지만 사나운 일곱 살 꼬마로 변했다는 이야기이다.

비에즈만으로 공모전에서 입상한 사프콥스키는 괴물 사냥꾼 게롤트를 주인공으로 한 단편을 몇 개 더 집필했고, 이 소설들을 묶어 두 권의 단편집으로 출간했다. 사프콥스키는 옴니버스 단편집에 만족하지 않고 단편의 듬성듬성한 얼개를 채워 자신의 작품세계를 어우를 수 있는 보다 더 구체적인 세계관을 가진 장편소설을 집필하기로 했다. 이렇게 완성된 장편소설이 바로 '위쳐'의 바탕이 되었다.

사프콥스키는 이 세계관을 바탕으로 1994년부터 1999년까지 다섯 권의 장편소설을 집필했다. 이 연작이 바로 훗날 '더 위쳐 사'라고 부르는 시리즈이다. 비에즈민은 동유럽 민속에서 차용해 온 독특한 모티브, 그리고 개성 넘치는 인물들이 보여 주는 선악이 불분명한 인간적인 스토리텔링으로 큰 인기를 얻었다. 비에즈민은 프리랜서 번역가였던 사프콥스키를 일약 폴란드 최고 작가로 만들어 준 것은 물론이고 판타지 소설을 유치한 것으로 치부하던 당시 동구권 풍토까지 크게 바꾸어 놓았다. 엄청난 인기를 등에 업고 비에즈민은 일찍부터 트랜스미디어가 시도되었다. 1993년 비에즈민 만화가 출판되었고, 2001년과 2002년에는 영화와 드라마가 제작되었다. 그런가 하면 체코어, 헝가리어, 슬로바키아어, 우크라이나어, 러시아어 등 다양한 언어로도 번역되어 출간되었고 사프콥스키는 동구권에서 유명인사가 되었다.

그러던 2002년, 사프콥스키는 비에즈민을 게임으로 만들고 싶다는 소규모 개발업체의 연락을 받았다. 사프콥스키는 그 이전에도 만화나 영화로 비에즈민의 IP를 판매한 경험이 있었기 때문에 이 일을 대수롭게 여기지 않았다고 한다. 당시 54세였던 사프코스키는 게임에 대해서 잘 알지 못했고, 게임을 애들이나 하는 수준 낮은 오락이라고 생각했다. 그는 이들이 만든 게임이 원작의 성공을 초월하고 게임업계의 전설이 되어 원작의 명성이 게임에 덮일 것이라고는 상상조차 하지 못했을 것이다. 계약 당시 게임업체인 CD 프로젝트 레드는 사프콥스키에게 로열티를 제안했지만, 사프콥스키는 게임이 돈을 벌어 봐야 얼마나 받겠냐며 일시금을 요구했다고 한다. 꽤 큰돈을 받았다고 하지만 그 이후의 성공을 생각한다면 일시불보다는 로열티가 원작자에게 더 많은 이익을 가져다주었을 것이다.

CD 프로젝트 레드는 이 계약으로 비에즈민의 세계관, 인물, 줄거리를 활용해 게임을 만드는 것은 물론 이를 바탕으로 독자적인 이야기를 써도 좋다는 승인을 받았다. 그들은 이 게임을 폴란드 내수용이 아닌 전 세계의 게임시장을 겨냥한 작품으로 기획했다. 기획 의도를 생각할 때 해외에서 폴란드어 제목인 비에즈민은 너무 낯설게 느껴질 수 있었다. 따라서 해외에서 쉽게 부를 수 있는 새로운 제목을 찾기로 결정했다. 그리하여 이후 그들이 개발한 게임은 '더 위쳐(The Witcher)'라는 이름을 갖게 되었다.[4]

첫 작품에서 큰 성공을 거두지는 못했지만 2011년 출시된 후속작 '위쳐 2: 왕들의 암살자'는 첫 작품의 실패를 보완하여 호평을 받았으며, 2015년 출시된 '위쳐 3: 와일드 헌터'는 이 시리즈의 완결판으로 가장 많은 올해의 게임(Game of the Year)[5]을 수상

---

4 '위쳐'가 마녀(witch)와 헌터(hunter)를 합친 조어라는 설도 있지만 확실하지는 않다.

했다. 물론 전 세계적으로, 1000만 장 이상 판매되는 상업적 성공도 거두었다.

'위쳐'의 세계적인 성공 이후 원작자인 사프콥스키는 '위쳐'의 세계관은 자신의 창작물이고 CD 프로젝트 레드가 이를 토대로 게임을 개발했음에도 불구하고 일부에서는 자신의 소설이 게임 원작소설이라고 생각하는 사람들이 있다고 불만을 토로한다.[6] CD 프로젝트 레드가 게임에 맞게 성공적으로 개작하고 이야기를 발전시킨 공로가 없다고 할 수는 없으나 사프콥스키가 창조한 판타지 세계와 매력적인 등장인물이 없었다면 '위쳐'가 이 정도의 성공을 거둘 수는 없었을 것이다.

MMORPG의 스토리텔링

'더 위쳐'의 성공은 게임에서 설정과 등장인물, 그리고 스토리가 얼마나 중요한지를 보여 주는 중요한 사례라고 할 수 있다. 특히 인기 게임 장르인 RPG에서 설정과 등장인물, 스토리텔링은 게임의 성공과 실패를 가르는 중요한 요인이다.[7] 특히 정보통

---

5 여러 단체 및 기관에서 수여하는 올해의 게임상이 있는데 '위쳐 3'는 IGN(Imagine Games Network), 게임스팟, 골든 조이스틱 어워즈 등에서 올해의 게임으로 선정되었다.

6 초히트작 게임의 경우 게임을 원작으로 다시 이야기를 만드는 게임 원작소설을 발간하기도 한다.

7 〈응답자 특성별 모바일/PC 게임 주 이용 장르〉는 사용 매체에 따라 이용자가 선호하는 게임 장르가 다소 달라지는 경향을 보여 준다. 모바일은 이동 중에 틈이 나는 시간이나 휴

신기술의 비약적인 성장으로 인해 다수의 게임 이용자 간 상호
작용이 원활해지면서 다양한 캐릭터가 등장하고, 이용자의 선택
에 따라 전개의 다채로운 변주가 가능한 세계관을 가진 소설은
MMORPG의 좋은 소재가 된다.

다수의 플레이어가 동시다발적으로 롤플레잉에 참여해 게임
공간을 체험하면서 다양한 스토리를 창출하는 MMORPG는 개
발자가 최초에 제시하는 기반적 스토리(background story)의 불변
성과 플레이어가 실행하는 이상적 스토리(ideal story)의 변수 가

응답자 특성별 모바일 게임 주 이용 장르*

구분	모바일 게임 장르						
응답자 특성	퍼즐 게임	웹/ 보드게임	RPG	FPS/ TPS	RTS (전략 시뮬레이션)	경영/건설/ 육성 시뮬레이션	스포츠
남성	21.0	21.7	28.6	24.6	23.6	9.2	18.9
여성	52.8	29.6	12.0	11.2	8.3	13.7	2.1
10대	15.9	16.0	19.3	42.7	16.3	10.2	11.0
20대	27.6	16.9	26.2	20.8	16.6	16.4	11.0
30대	35.9	17.0	28.2	13.7	18.8	17.9	13.4
40대	41.3	23.5	21.5	13.4	26.0	8.6	10.6
50대	59.1	47.6	8.4	3.7	6.3	3.0	9.6
60~65대	61.9	73.3	0.0	0.8	0.0	0.0	0.0

식 시간에 접속하는 경우가 많기 때문에 비교적 단순한 퍼즐게임과 웹/보드게임이 높은
이용률을 보였다. 반면 PC 게임은 게임을 목적으로 PC에 접속하는 경우가 많기 때문에
FPS/TPS, AOS, RTS와 같은 높은 숙련도를 요하는 게임 장르가 선호되었다. RPG 게임
은 모바일과 PC 모두에서 높은 이용률을 보이는 게임 장르이다.

응답자 특성별 PC 게임 주 이용 장르

구분	PC 게임 장르											
응답자 특성	FPS/ TPS	RPG	AOS	RTS (전략 시 뮬레이션)	웹/ 보드게임	스포츠	레이싱	퍼즐 게임	슈팅게임 (아케이드)	액션/ 대전격투	리듬 게임	기타
남성	44.2	29.7	31.1	24.2	13.8	19.9	8.7	4.7	4.8	7.3	0.9	0.0
여성	35.5	27.8	13.3	14.1	28.5	6.8	16.2	23.6	12.7	7.2	1.9	0.7
10대	67.7	25.0	40.9	7.2	6.9	14.6	14.7	4.0	7.3	2.3	2.9	0.8
20대	48.0	33.0	32.0	20.7	6.5	14.8	12.5	6.8	7.1	8.6	1.5	0.2
30대	36.0	39.1	19.6	30.4	12.5	18.7	7.8	8.1	7.5	9.9	1.0	0.0
40대	28.6	29.8	15.4	30.5	27.7	15.7	9.1	16.7	8.1	9.4	0.3	0.0
50대	13.2	12.6	10.3	18.0	52.1	14.8	12.4	28.7	8.2	6.9	0.0	0.0
60~65대	0.0	0.0	0.0	0.0	100.0	3.9	3.1	20.4	0.0	0.0	0.0	0.0

주: *AOS(Aeon of Strife) 실시간 액션 공성게임, FPS(Frist-person Shooter) 1인칭 슈팅게임, TPS(Third-person Shooter) 3인칭 슈팅게임, RTS(Real-time Strategy) 실시간 전략게임.

출처: 한국콘텐츠진흥원(2018a).

능성(variability)이 상호작용하면서 다양한 사건과 스토리를 창출하게 된다(한혜원, 2005).

　게임 스토리텔링은 많은 학자들이 디지털 스토리텔링에 속한 하나의 장르로 연구해 왔으며, 디지털 스토리텔링의 쌍방향성 (interactivity) 내러티브 연구의 핵심이 되고 있다. 게임 스토리텔링은 사용자의 엔터테인먼트를 충족시켜 주기 위하여 이미 존재하는 이야기나 새롭게 창작된 이야기를 담화 형식으로 창작하는 행위라고 정의된다(이재홍, 2009). 게임 스토리텔링은 영화, TV 등 다른 매체와는 달리 상호작용이 가능하기 때문에 게임 유저가 직접 이야기를 가공하여 자신만의 스토리를 체험할 수 있는 마력이 있다. MMORPG는 유저들이 공동 네트워크를 형성하면서 게임을 진행하는 특성이 있으며, 여러 유저가 가상세계에서 서로 영향을 주고받고 여러 역할을 수행하면서 성장하고 협동하고 경쟁하는 게임 장르이다. MMORPG 게임에서 스토리성이 강한 부분은 주인공에게 임무를 부여해 주는 퀘스트이다. 퀘스트를 해결하면서 유저는 성취감을 느끼고 게임의 서사를 체험해 나간다. 퀘스트는 게임 유저가 주체적으로 스토리를 생성할 수 있도록 하는 매개체이며 개발자가 유저에게 제공하는 스토리의 최소 단위이다(김용재, 2011). MMORPG에서 게임 유저는 제한된 시공간(時空間) 내에서 주어진 과제를 수행한 후 보상을 획득하고 다음 지점으로 이동한다. 이렇게 게임 유저는 개발자가 제공한 퀘스트를 완수하면서 주체적으로 자신의 스토리를 완성해 나간다(한혜원·조성희, 2009).

게임 퀘스트는 메인 스토리에 종속되면서도 독립되는 또 하나의 스토리이다. 그리고 게임 세계를 모험하는 과정에서 게임 유저가 특정 사물이나 낯선 NPC(non-player character)에게서 부여받는 임무이다.[8] 유저는 퀘스트를 수행하는 순간부터 새로운 스토리를 음미할 수 있고, 특별한 기술을 습득할 수 있으며, 모험을 위한 무기나 방어구와 같은 장비를 마련할 수 있다(김용재, 2011). 퀘스트는 본래 고대 영웅 서사시나 중세 로망스에서의 탐

---

8 NPC는 게임 안에서 플레이어가 직접 조종할 수 없는 캐릭터로 게임 안에서 플레이어에게 퀘스트 등 다양한 콘텐츠를 제공하는 도우미 역할을 담당한다(네이버 지식백과).

색 여행을 일컫는 말이다. 이는 주로 여행담으로 그려져 있으며 목표에 도달하기 위하여 길을 떠나는 영웅 서사의 전형을 이룬다(한혜원·조성희, 2009). 퀘스트 스토리텔링은 게임 퀘스트를 통해 서사를 전개하는 것으로 퀘스트 스토리텔링 중 많은 사람에게 회자되는 것은 '영웅의 일대기 스토리텔링'이다. 영웅의 일생과 모험담을 다룬 영웅의 스토리텔링은 신화에서 그 뿌리를 찾을 수 있다(배주영·최영미, 2006).

게임의 스토리가 신화를 닮은 것은 게임 형식과 신화의 논리의 유사성이 매우 높기 때문이다. 본래 신화는 구비문학이기에 있는 그대로 보존되지 않고 여러 사람을 통해 구연되면서 조금씩 변화하며 전승된다. 게임의 스토리도 게임 유저에 의해 새로운 규칙을 얻으면서 진화한다. 게임 유저는 제작자가 만들어 놓은 여러 도구를 스스로 선택하고 자신만의 새로운 규칙을 만들어 가면서 자신의 이야기를 완성하게 되는 것이다. 이와 같은 게임의 서사 방식은 그 자체로 신화적 전승구조와 유사하다(김대진, 2009).

서사 방식만 유사한 것이 아니다. 게임의 스토리텔링 그 자체는 신화성의 복원이라고 할 수도 있다. 많은 게임이 북유럽 신화를 비롯한 다양한 신화의 스토리에 직접적 영향을 받았다. '마비노기(Mabinogi)'는 고대 켈트 신화의 세계관과 스토리에 기반을 두고, '월드 오브 워크래프트(World of Warcraft)' 역시 게르만 신화에 등장하는 종족의 영향을 받아 게임 캐릭터 종족을 구성한다. 그뿐만 아니라 중세 판타지적 세계를 모티브로 재구성하여 게임의 시공간적 배경을 설정하기도 한다. 물론 그렇다고 게임이 역사적 사실성을 내재한 중세를 그대로 게임의 배경으로 삼는 것은 아니다. 게임은 톨킨이 실존하지 않는 '중간계'를 창조해 낸 것처럼 중세에 판타지적 특성을 부여하여 실제 존재하지 않은 세계를 창조한다. 중세풍의 갑옷을 걸친 채 불을 뿜는 용과 싸우는 기사나 비현실적인 복장을 한 긴 귀의 여성 엘프, 현실에서는 보기 힘든 몬스터와 생명체 등이 공존하며 마법과 주술이 자유자재로 사용되는 게임 세계는 역사와 신화가 융합하여 형성된 곳이다(이동은, 2012).

신화 서사에서는 영웅은 스토리를 이끌어 가는 행위자이다. 그리하여 신화에 기반을 둔 MMORPG는 영웅 서사라고도 할 수 있다. 신화적 영웅이 퀘스트를 완수하면서 이야기를 전개해 나간다. 따라서 MMORPG는 행위 서사라고도 할 수 있다. 가령 MMORPG에서 플레이어는 아바타를 통해 게임 세계에 접속한 후 게임 스토리 진행에서 필수 불가결한 퀘스트를 받는다. 이와 같이 퀘스트는 플레이어와 스토리, 기술과 문화, 의미와 행동이라는 MMORPG 내 이원적 요소를 융합시키는 매개체의 역할을 수행한다. 따라서 퀘스트는 게임 유저가 주체적으로 서사를 진행하는 최소 단위이자 최소 동기이다. MMORPG에서 스토리의 생성과 진행은 퀘스트 단위의 선택과 조합을 통해서나 나타난다. 그 때문에 MMORPG의 스토리 구조 자체가 퀘스트 단위의 구조적 특성에서 기인한다. 구체적이고 명확한 결말과 해답을 제시하지 않고 플레이어에게 스토리를 진행하도록 유도하여 서사적 완결성을 보완하도록 한다. 이와 같이 퀘스트는 게임 스토리 진행에 필수 불가결한 극적 사건을 제시하고 이를 게임 유저가 선택하고 수행하는 과정에서 완결된 에피소드의 긴장감과 종결미를 경험하게 된다(한혜원·조성희, 2009).

이와 같이 MMORPG는 게임 유저가 서사의 주인공으로 이야기를 구성하는 주체가 되기 때문에 게임 과정에서 유저의 게임 몰입도가 매우 높다. 게임 유저의 참여를 높이고 흥미를 유발하기 위해서 MMORPG는 매력적인 스토리텔링을 구축해야 할 필요가 있다. 이 과정에서 MMORPG는 기존의 신화적 영웅 서사를 적극적으로 차용했다. 신화적 영웅 서사는 MMORPG의 원전이며, MMORPG는 신화적 영웅 서사를 재매개하는 것이다. 신화적 영웅 서사와 MMORPG의 이와 같은 상호성으로 인해 게임 유저는 마치 자신이 신화 속의 영웅이 된 듯한 체험을 하게 된다. 이야기를 실제와 같이 체험할 수 있다는 것은 MMORPG의 인기 비결이라고 할 수 있다.

MMORPG의 스토리 구성과 전환은 기존의 신화적 영웅 서사를 가진 원전을 재매개한다. 최근에는 MMORPG가 원전이 되고 이야기가 MMORPG를 재매개하는 흥미로운 현상도 나타난다. 바로 게임소설의 등장이다. 게임소설은 게임에 참여하는 유저와 게임을 주요 소재로 하는 웹소설의 한 장르이다. 게임소설은 통상 두 개의 세계로 나누어져 있다. 바로 현실 세계와 게임세계이다. 현실 세계를 살고 있는 주인공은 게임에 접속하여 자신의 아바타가 된 게임 캐릭터로 분하여 가상 세계의 퀘스트를 완수하며 영웅으로 성장해 나간다. 21세기에 게임은 꿈과 환상의 세계로 향하는 매개체이다. 마치 이상한 나라의 앨리스에 나오는 토끼굴처럼, 나디아 연대기에 나오는 옷장처럼 21세기를 살아가고 있는 청년들에게 게임은 바로 현실과 환상의 세계를 연결해 주는 통로이다. 일상에서 자주 게임을 접하고 이를 통해 타인과 교류하는 청년들에게 게임을 매개로 한 이야기는 개연성과 흡인력을 모두 갖춘 소재라고 할 수 있다.

게임소설은 판타지 소설, MMORPG, 스마트폰 플랫폼이라는 기술과 매체의 변화가 탄생시킨 신흥 장르이다. 게임소설은 신화적 영웅 서사에 바탕을 둔 판타지 소설과 VR, AI와 같은 신기술이 결합하여 새로운 장르의 이야기를 만들어 낸다. 게임소설의 주인공은 게임의 퀘스트를 수행하면서 비선형적으로 엮은 자신만의 줄거리로 이야기를 전개시켜 나가는데 이러한 방식의 이야기 구조에 가장 적합한 게임 장르는 MMOPRG이다. 따라서 게임소설의 배경이 되는 게임도 대부분 MMORPG이다. MMORPG의 캐릭터가 판타지 소설의 영웅처럼 퀘스트를 완수해 나가면서 단계별로 성장해 나가는 것처럼, 게임소설의 주인공도 MMORPG의 퀘스트를 완수해 나가면서 자신의 게임 속 아바타를 영웅으로 육성하고 그리고 이를 통해 현실의 문제를 해결할 수 있는 실마리를 찾기도 한다. 게임 속에서 주인공은 특수한 스킬이나 직업, 경험치, 아이템을 게임상의 버그나 다른 유저들이 경험하지 못한 기이한 인연을 통해서 획득한다. 마치 신화 속 주인공이 영웅이 될 수밖에 없는 운명을 타고난 것을 암시라도 하듯 신기한 우연이 반복되고 기이한 체험이 줄을 잇는다. 이런 과정을 거치면서 게임소설의 주인공은 게임 속 절대 강자로 성장한다.

그렇다면 독자에게 게임소설의 매력은 무엇일까? 게임 세대인 독자는 자신들이 즐기는 게임과 비슷한 설정의 이야기와 공간, 스토리 전환 방식에 호감을 느낄 것이다. 이 익숙한 소재를 탐닉하며 게임소설을 읽는 동안 마치 자신이 게임을 즐기는 유저가 된 것 같은 대리만족을 느끼기도 할 것이다. 게임소설 속 주인공은 게임 유저라면 모두가 선망해 마지않는 게임에 특화된 인물이다. 마치 판타지 소설의 주인공이 불가사의한 힘과 능력을 소유한 능력자로 그려지는 것처럼 게임소설의 주인공은 비루한 현실에도 불구하고 게임을 하는 능력에서만은 타의 추종을 불허하는 월등한 기량을 가지고 있다. 따라서 다른 유저를 능가하는 압도적인 캐릭터를 육성한다. 그러나 실제 게임에서 이렇게 강력한 캐릭터를 육성하는 것은 쉬운 일이 아니다. 그렇다 보니 독자들은 이러한 게임소설 주인공의 성취에서 대리만족을 느끼는 것이다. 게임소설이 새로운 장르소설임에도 불구하고 단시간에 다수의 독자층을 형성하게 된 것도 MMORPG 게임의 유행과 관련이 있다. 불가능한 퀘스트를 수행하며 레어 아이템을 습득하고 자신이 경험하지 못한 높은 레벨의 캐릭터를 양성하는 게임소설의 주인공을 보면서 게임 세대인 독자는 큰 공감을 얻고 있는 것이다.

이와 같은 맥락에서 보면 게임소설은 결국 게임을 소재로 한 영웅 서사라고 할 수 있다. 그리고 그 배경이 판타지 세계인 경우가 다수이기 때문에 신화적 영웅 서사와 높은 유사성을 보인다. 영웅 서사는 보통 탄생, 고난, 수학, 입공, 부귀(복수, 비극적 죽음)의 단계로 전개된다. 게임소설도 신화 속의 영웅과 같은 이야기 구조를 따라서 사건을 전개해 나간다(고훈, 2010). 게임이라는 친숙하고 흥미로운 소재와 대리만족과 카타르시스를 유발하는 영웅담이 바로 독자를 유인하는 게임소설의 매력이라고 할 것이다.

《달빛조각사》의 성공

남희성 작가는 1980년생으로 나우누리, 천리안 등 PC통신 시절부터 인터넷 소설을 즐겨 봐 왔던 세대였다. 당시 인터넷 소설은 SF 판타지 소설 장르가 대세였기 때문에 그 또한 주로 장르소설을 보게 되었고 작품을 읽으면서 작품 전개나 흐름, 상상력을 전개하는 방법 등을 유심히 살펴볼 수 있었다고 했다. 그 이후 인터넷 붐과 함께 '스타크래프트'로 대변되는 온라인 게임이 공전의 히트를 기록했고, '게임 속 캐릭터가 펼치는 모험 이야기를 소설로 꾸미면 어떨까'란 생각이 떠오르게 되었다고 한다(매일경제, 2017. 2. 8). 남희성 작가 본인은 게임 마니아는 아니었다고 이야기한다. 어린 시절 콘솔 게임을 플레이하면서 게임에 관심을 키웠고, '파이널판타지', '드래곤퀘스트' 등의 게임을 플레이하면서 유년 시절을 보냈으며, 온라인 게임으로 '에버퀘스트', '디 아블로' 정도를 플레이했다고 한다(경향게임스, 2014. 3. 7). 이러한 환경 속에서 그는 《달빛조각사》를 구상하게 된 것이다.

《달빛조각사》는 사채업자에게 시달리는 주인공 '이현'이 이것저것 닥치는 대로 하면서 근근이 먹고 살고 있는 모습을 보여 주는 것으로 이야기를 시작한다. 경제적 압박 때문에 자포자기의 심정으로 자신이 공들여 키워 왔던 '마법의 대륙'의 게임 캐릭터를 거래 사이트에 올리게 되고 엄청난 반향을 경험하게 된다. 자신이 키운 게임 캐릭터가 무려 30억 9,000만 원에 낙찰받은 것이다. 이현으로서는 상상도 할 수 없는 일이었고 이 돈으로 병든 할머니와 동생의 학비를 부양하고 평범한 삶으로 되돌아갈 수 있을 것이라는 희망을 갖게 되었다. 그러나 희망도 잠시 돌아가신 부모님이 남긴 빚 1억 원 때문에 이현의 삶은 다시 나락에 떨어졌다. 악질적인 사채업자는 1억 원에 엄청난 이자를 붙여 이현이 캐릭터 경매로 번 30억 9,000만 원 중 30억 원을 가로채 갔다. 9,000만 원으로 생활에 필요한 급전을 지급하고 나자 이현의 수중에는 4,000만 원이 남았다. 이현은 이 돈으로 새로운 게임 '로열 로드'를 시작하기로 한다. 잠시나마 고단한 삶의 구렁텅이에서 자신을 구제해 주었던 것은 바로 게임 캐릭터 판매였다. 이제 이현에게 게임은 자신의 삶의 변화시킬 수 있는 유일한 희망이 되었다.

《달빛조각사》의 주요 배경이 되는 로열 로드는 NPC와 유저의 자연스러운 조합으로 이야기를 매끄럽게 진행시키고 있다는 평을 듣는다. 거기에 작가의 트레이드마크라고 할 수 있는 간결하고 명쾌한 묘사와 흠잡을 데 없이 완벽한 구성도 독자를 매료하는 요인이었다. 이현이 로열 로드에서 겪는 좌충우돌 성장기는 독자에게 신선한 웃음과 감동을 주기도 했다. 작가도 독자도 게임에 익숙한 세대였기 때문에 가능한 이야기이다. 남희성 작가는 《달빛조각사》의 구상에만 2년 정도의 시간을 보냈다고 한다. 기존 게임 판타지와는 다르게 개성적인 세계관을 구축하고 싶었고 주인공이 시련을 이겨 내면서 성장해 나가는 과정을 좀 더 디테일하게 묘사하고 싶었기 때문이다. 몬스터, 인스턴스 던전 등을 기존 MMORPG 시스템에서 착안한 것은 사실이지만, 모티브가 된 MMORPG는 따로 없어 로열 로드는 그의 순수 창작과 다름없었다. 남희성 작가는 《달빛조각사》를 처음 집필할 당시에는 이 작품을 10년 넘게 연재하게 되리라고는 상상도 하지 못했다고 고백했다. 처음에는 6권 정도로 생각하다가 주인공의 성장 과정에서 작가 스스로도 몰입하게 되면서 더 디테일하고 방대한 세계를 만들어 내게 되었다고 회상했다(경향게임스, 2014. 3. 7).

퀘스트를 더해 가면서 이야기가 확장하는 스토리텔링은 전형적인 MMORPG의 스토리 구성이다. MMORPG를 소설의 배경으로 따라가다 보면 작가는 자연스럽게 더 강화된 퀘스트와 캐릭터를 등장시킬 수밖에 없게 된다. 이렇게 성장하는 캐릭터에게 새로운 임무를 계속 부여하다 보니 어느덧 10년 넘게 장기 연재를 하게 된 것이 아닐까? 물론 독자들의 절대적인 지지도 장기 연재의 동력이 되었을 것이다. 게임 묘사가 현실적일수록 소설을 읽는 독자의 몰입감은 더욱 커졌다. 마치 독자가 실제로 MMORPG를 하는 것처럼 생생하고 현실감 있게 게임 상황을 묘사하는 것은 《달빛조각사》의 강점이었다. 주인공 이현이 로열 로드에서 겪는 일은 게임 유저에게 너무나 익숙한 일이었고 이야기가 게임 과정을 구체적으로 묘사할수록 독자들은 더 많은 지지를 보냈다. 현실에서는 아무 희망이 없었던 밑바닥 인생을 겪는 주인공의 유일한 특기가 게임 속의 '극악의 노가다 플레이'(예를 들면 허수아비 치기) 정도라는 것도 게임 유저에게는 대리만족을 느끼게 해 주었다. 설정과 전개에 불만이 생기거나 허술한 전개에 헛웃음을 짓다가도 글을 읽다 보면 MMORPG의 뉴비(newbie)였던 시절의 기억이 오버랩되면서 저 자신도 모르게 작품 속에 빠져 들어간다고 한다(스타뉴스, 2018. 12. 31).

다만 몰입도가 큰 만큼 '위드'(이현의 '로열 로드' 캐릭터 이름)가 성장함에 따라 독자들의 요구나 기대도 함께 커지면서 작가의 부담도 커져 갔다. 남희성 작가는 독자의 반응이 즉각적이고 직접적으로 드러나는 모바일 플랫폼으로 소설 유통을 시작하면서, 유통 라인이 많아지면 그만큼 독자들과 만날 수 있는 통로가 많아지기 때문에 무조건 좋은 일이라며 디지털 연재 때문에 내용이 흔들리는 일은 없을 것이라고 장담하기도 했다. 그 이전에도 독자들의 피드백 때문에 연재 방향이 틀어지거나 수정되는 일은 없었기 때문이다(경향게임스, 2014. 3. 7).

이러한 장담에도 불구하고 10년 넘게 연재한 작품의 결말에 대한 기존 팬층의 거센 불만과 비난은 작가로서도 당혹스러운 일이었던 것 같다. 남희성 작가는 2019년 7월 3일 58권으로 《달빛조각사》의 결말을 공개했다. 로열 로드의 절대 강자가 되고 베르사 대륙을 통일한 위드는 남몰래 퀘스트를 해결하며 대륙의 평화를 지키고 있다가 헤르메스 길드 총수이자 헤벤 제국 황제로 위드의 가장 강력한 라이벌이라고 일컬어지는 바드레이의 도전을 받아 일전을 치르게 된다. 만약 이 이야기가 두 사람의 결전을 납득할 만한 결말로 이어 갔다면, 혹은 로열 로드의 최강자가 된 후 허무함과 무기력감을 동시에 느끼게 된 이현이 새로운 게임을 개발하여 도전을 계속해 나가는 방향으로 끝이 났다면 꽤 자연스러웠으리라는 것이 대부분 독자의 의견이었다. 그런데 《달빛조각사》는 위드와 바드레이의 결전 중간에 이야기를 끊고 작품 후반에 등장하는 캐릭터 중 하나인 암살자 '양념게장'(로열 로드의 캐릭터 이름)의 이야기로 갑자기 전환된다. 그러니까 10년 넘게 이어진 이야기의 마지막 장면은 양념게장이 처음 로열 로드로 시작하고 퀘스트로 도적 떼를 섬멸하면서 '암살의 대가'라는 호칭을 얻으며 활동하다 위드와 그의 동료들인 페일, 이리에, 로뮤나, 수르카, 화령, 벨로트를 만나는 것이었다.

이 결말이 공개된 후 작가가 작품을 포기한 게 아니냐는 비난이 쇄도했다. 한창 대결이 벌이고 있던 주인공과 라이벌의 이야기에 대한 결말도 제대로 보여 주지 않고, 갑자기 조연급 인물의 이야기로 결말을 내버리는 스토리 전개에 독자들이 혼란스러워한 것이다. 전에 없던 독자들의 강한 반발과 분노에 남희성 작가는 마지막 편이 발표된 7월 3일 바로 마지막 두 편의 재연재를 공지했고 7월 4일 마지막 두 편을 현실 세계의 이현, 그리고 로열 로드의 위드와 바드레이의 후일담으로 꾸며 다시 공개했다. 독자의 분노를 자아냈던 양념게장의 이야기는 외전으로 빠졌다.

《달빛조각사》의 집필 동기를 보면 남희성 작가가 당초 왜 이와 같은 구성으로 마지막 편을 발표했는지를 이해할 수 있을 것 같기도 하다.

> "사실 게임이란 게 막상 해 보면 너무 많은 시간을 빼앗고 또 레벨이 높아지거나 어느 정도 경지에 이르면 그동안 들인 노력이나 시간이 허무할 수 있어요. 이걸 소설과 결합시키면 모험심도 배가시키면서 텍스트로 사람 심리에 대한 이해, 생각의 정리를 해서 보다 풍성하게 콘텐츠를 즐기게 할 수 있겠다 싶어 집필에 들어갔지요." (매일경제, 2017. 2. 8)

남희성 작가의 인터뷰는 그가 게임의 장단점을 어떻게 파악하고 있는지 보여 준다. RPG 게임의 특성상 게임 유저들은 많은 시간을 들여 퀘스트를 완수하고 캐릭터를 양성한다. 하지만 게임은 결국 가상현실이고 게임에서 이룬 눈부신 성과는 현실 세계의 유저에게 오히려 허무함을 안겨 줄 수도 있다. 그렇다고 게임이 부정적인 것만은 아니다. MMORPG를 하면서 현실 세계에서 만날 수 없는 사람들과 교류하고 함께 연대하면서 경험할 수 없었던 일들을 경험하다 보면 예전에는 미처 생각해 볼 기회가 없던 고민을 하기도 한다. 인터넷과 가상현실이 보급되기 전에는 신체가 거하고 있는 공간이 자기 경험치의 한계가 되었다.

사고방식이나 행동방식은 공간이 정한 경험치 안에서 결정되었다. 그러나 로열 로드에서는 현실 세계라면 절대 만날 수 없는 사람들이 만나서 함께 협력하고 경쟁하면서 성장했다. 즉, 로열 로드는 가상공간이기 때문에 허무하지만 동시에 가상공간이기에 가능한 것이 공존하는 세계인 것이다. 이 세계라면 누구나 참여할 수 있고 누구나 동료가 될 수 있다는 것을 보여 주려던 의도가 아니었을까?[9]

아무튼 한 인기 웹소설의 결말을 둘러싼 논란과 재연재 소동은 웹소설이 가진 양방향 소통 방식의 사례라고 할 수 있다. 만약 《달빛조각사》가 모바일 플랫폼을 통하지 않고 처음 시작처럼 전자책과 종이책을 통해 유통되었다면 설령 결말에 대한 독자의 실망감이 있었다고 하더라도 작가에게 이렇게 직접적으로 와 닿지는 않았을 것이다. 그러나 모바일 플랫폼은 실시간으로 독자의 반응을 보여 주기 때문에 작가와 플랫폼 사 모두가 이를 무시하기는 힘들어진다. 선호하는 작품에 대해서는 격렬하게 환대하고, 실망스러운 작품에 대해서는 비장하게 몰아치는 것 또한 웹

---

9 남희성 작가는 자신의 블로그에 완결 이후 쇄도한 비난에 다음과 같은 작가의 변을 올리기도 했다. "주인공이 나오는 본편 부분의 완결은 23편으로 끝이 나고 24, 25편은 조연 캐릭터의 출연과 위드와 동료들을 보고 그동안 반가워하는 그런 이미지로 끝맺고 싶었는데 실패했습니다. 무성의하게 비친 것에 대해, 10년 넘게 읽어 준 독자분들이 실망한 것이 정말 아쉽네요. 사실 편집자 분들이 23편을 완결로 표시하는 것이 어떠냐는 의견도 주셨는데 저에게는 아쉬움과 반가움이라는 감정으로 끝내고 싶었기 때문에 24, 25편을 그렇게 배치한 것이었습니다. 양념게장이 주인공과 그 동료들을 보고 반가워하는 그 느낌이 저에게는 달조(《달빛조각사》)의 마무리였거든요. 이게 집어던졌다……라는 느낌을 받으실 줄이야……;;"(남희성 블로그, 2019년 7월 3일 자 게시글 중) 물론 이 글을 읽은 독자 중 일부는 그냥 전문가(편집자)의 조언을 따르지 왜 고집을 부렸냐는 날선 반응을 보이기도 했다.

소설 독자의 성향이기 때문에 이들의 반응에 신속하고 적절하게 대응하는 것도 웹소설 작가의 숙명일 것이다.

《달빛조각사》속 영웅 서사

처음 공개되었던 《달빛조각사》의 결말이 독자에게 실망을 주었던 이유는 그것이 영웅 서사의 보편원칙에서 벗어났기 때문일 것이다. 일반적으로 MMORPG의 스토리텔링은 신화적 영웅 서사를 따르고 있다. 영웅은 결말에 부귀영웅을 누리거나, 아니면 비극적 죽음을 맞이하면서 독자에게 카타르시스를 선사해야 한다. 그런데 결말에서 주인공을 갑자기 지워진다면 이야기를 따라가던 독자는 엄청난 배신감을 느낄 것이다. 그리고 실제 그런 일이 있어났다.

그렇다면 《달빛조각사》가 처음부터 영웅 서사의 보편 원칙을 따르지 않는 파격적인 소설이었을까? 그렇지 않다. 오히려 《달빛조각사》는 꽤 충실하게 영웅 서사의 보편 원칙을 따르고 있었다. 그렇기 때문에 많은 독자들의 호응을 받을 수도 있었던 것이다. 《달빛조각사》의 이야기 구조를 영웅 서사의 구조에 맞추어 설명해 보겠다.

영웅 서사의 기본 구조는 순차적으로 탄생–고난–수학–입공–부귀영화(혹은 비극적 죽음)로 구분된다.

첫 번째, 탄생

본래 영웅 서사에서 영웅의 탄생은 신기한 꿈을 꾼다든가 천재지변이 일어난다든가 하는 기이하고 신비한 현상과 함께 나타난다. 물론 《달빛조각사》의 이현은 이러한 기이한 자연현상과 함께 등장하지 않았다. 오히려 매우 현대적인 방식으로 자신이 매우 특별한 존재임을 과시했다. 바로 '마법의 대륙' 캐릭터를 30억 9,000만 원에 판매한 것이다. 처음 소설을 읽으면서 이 부분이 말도 안 되는 일이라고 코웃음을 친 사람도 있었을 것이다. 그래서 이미 이야기하지 않았던가? 영웅은 기이한 현상과 함께 탄생한다고. 캐릭터가 30억 9,000만 원에 낙찰된 것은 그냥 평범한 게임 유저에 불과했던 이현이 로열 로드의 막강 실력자로 거듭날 수 있도록 각성시킨 사건이었다. 캐릭터가 30억 9,000만 원에 낙찰되었다는 기이한 일과 함께 이현은 다시 태어났다.

두 번째, 고난

캐릭터가 30억 9,000만 원에 낙찰되는 행운을 거머쥐자 이현은 자신을 억누르고 있었던 가난에서 비로소 탈출할 수 있게 되었다고 기뻐한다. 하지만 희망도 잠시, 이현은 가장 행복한 순간에 가장 큰 절망을 느끼며 무너져 내린다. 30억 원을 사채업자에 빼앗긴 것이다. 속수무책으로 당하면서 이현은 결심한다. 다시는 이렇게 허무하게 당하지 않겠노라고. 그리고 가장 인기 있는 게임인 로열 로드에 접속하여 부를 축적하겠다는 다짐을 한다.

세 번째, 수학

로열 로드의 위드가 퀘스트를 수행하며 스탯을 올리고 특수 아이템을 획득하는 모든 과정이다. 또한 이런 퀘스트를 수행하면서 인간 불신에 빠져 있던 위드는 다른 캐릭터와 교류하고 협력하면서 동료애와 인정을 회복하는 등 인간적으로도 성장한다.

네 번째, 입공

위드는 여러 가지 퀘스트를 성공시켜 나가면서 점차 신분을 상승시켜 나간다. 같은 파티원들에게도 무시당하던 조각사라는 직업에도 불구하고 국왕의 무덤으로 피라미드를 건설하고 외부와 내부 장식을 전담하여 성공하기도 하고, 오크로 변신해서 오크 일족과 다크엘프 일족을 참전시켜 전쟁을 승리로 이끄는 등 여러 가지 공을 세운다. 명성과 경험치를 올린 위드는 모리타 지방의 영주로 신분이 상승하고 최종적으로 대륙을 통일하고 아르펜 제국의 황제가 된다.

다섯 번째, 귀농

일반적인 영웅 서사라면 영웅이 된 주인공은 영원히 행복하게 살거나 아니면 비극적인 죽음을 맞아 사람들의 기억 속에서 영원히 살거나 둘 중 하나의 길을 선택하게 된다. 모든 것을 할 수 있는 캐릭터로 성장했고, 누구보다도 강한 위드는 자신이 일반 유저들과 함께 게임을 계속한다는 것 자체가 불공평한 일이라고 자각한다. 그리하여 그는 차라리 은거를 선택한다. 다른 사람들이 즐겁게 게임을 할 수 있도록 자신은 차라리 평범한 농부가 된다. 전형적인 영웅 서사를 바랐던 사람들에게는 이 결말이 다소 의아하게 느껴질 수도 있지만, 다수를 위하여 자신의 공을 감추고 일반 사람들과 섞여 평범함을 선택하는 것은 도리어 도덕적으로 위대해 보인다. '다크 게이머'[10]로 로열 로드를 시작했던 이현을 생각하면 이러한 변화는 그가 인간적으로 성숙해졌다는 것을 보여 준다.

이와 같이 《달빛조각사》의 스토리텔링은 전형적인 영웅 서사 구조를 따른다. 영웅 서사는 게임이 존재하기 이전부터 전해 내려온 매우 대중적인 이야기 구조이기 때문에 독자는 별 무리 없이 이야기의 전개를 수용한다. 단시간에 빠르게 이야기에 몰입시켜야 하는 웹소설의 속성상 익숙한 이야기 구조를 차용하는 것은 상업적인 성공과도 연결된다.

《달빛조각사》의 IP 활용

문화 콘텐츠의 경계가 허물어지면서 소설, 만화, 애니메이션이 게임으로 개발되고, 게임이 소설, 드라마로 만들어지는 문화 콘텐츠 융합이 활발하게 이루어지고 있다. 남희성 작가는 MMORPG 게임과 판타지를 결합한 장르소설 《달빛조각사》를

---

10 돈을 목적으로 게임을 하는 유저

연재하여 공전의 히트를 쳤고, 《달빛조각사》는 게임소설이 장르로 정착하는 데 가장 큰 공로가 있다는 찬사를 받았다.

2006년 인터넷에 연재하기 시작한 《달빛조각사》는 이듬해 종이책으로 출간되었다. 2000년대 중반만 해도 출판업계에서 게임을 소재로 한 소설은 3,000권도 안 팔리던 때라 남희성 작가의 소설은 '시장성이 없다'는 이유로 출판이 거절되었다고 한다. 유일하게 로크미디어 출판사만이 《달빛조각사》에 흥미를 보였고 그렇게 《달빛조각사》는 우여곡절 끝에 1권을 출간될 수 있었다. 그 이후 《달빛조각사》가 기록한 성과는 작가와 출판사의 기대를 모두 크게 뛰어넘는 것이었다. 《달빛조각사》는 2014년 이미 누적 판매량 100만 부를 넘겼으며 현재까지 누적 판매부수만 600만 부를 넘기는 경이로운 판매고를 올린 것으로 알려져 있다(서울신문, 2019. 9. 22).

소설을 발표할 수 있는 플랫폼이 다변화되면서 《달빛조각사》의 성공은 더욱 가속화되었다. 웹소설 《달빛조각사》가 2013년 10월 21일부터 카카오페이지를 통해 독점으로 연재되기 시작한 것이다. 카카오페이지는 41권부터 회당 100원에 《달빛조각사》를 연재하기 시작했고, 연재가 책 한 권의 분량을 채우고 나면 종이책으로 출간했다. 《달빛조각사》는 매달 1억 원 매출을 올리는 성공한 아이템이었으며, 카카오페이지에 연재를 시작한 때부터 연재가 끝나기 전까지 인기와 매출에서 1위를 놓친 적이 없었다. 장장 13여 년 동안 연재된 《달빛조각사》는 2019년 10월까지도 웹소설 구독자가 536만 명을 넘으며, 누적 댓글도 18만 5,000개를 넘은 상태이다.

한때 카카오페이지는 출시 1개월 만에 실패작으로 평가받은 바 있는 서비스였다. 2013년 4월, 카카오는 음악과 동영상, 전자책을 망라해 모바일에 최적화한 콘텐츠 유통 플랫폼으로 카카오페이지를 출시했지만 다운로드 수와 매출에서 기대에 미치지 못하는 성적을 냈고 일부에서 카카오가 카카오페이지를 포기하는 게 아니냐는 의심을 하기도 했다. 그러던 중 카카오페이지는 《달빛조각사》를 독점 연재하며 사용자 확대를 도모하기 시작했다. 그래서 당시 《달빛조각사》는 카카오페이지의 구원투수로 불리기도 했다(블로터, 2013. 10. 21). 실제로도 출시 초기 큰 호응을 얻지 못한 카카오페이지는 두터운 독자층을 확보하고 있는 《달빛조각사》를 유치하면서 난관을 극복하게 되었다. 《달빛조각사》는 독점 연재 이후 한 달 만에 매출 1억 원을 올리는 등 흥행세를 보이며 플랫폼 파이를 키우는 데 기여했다(더게임스, 2019. 10. 24). 《달빛조각사》가 가진 이야기의 힘이 웹 플랫폼 연재를 통해서도 증명된 것이다.

모바일 플랫폼으로 이동한 《달빛조각사》는 시장 확대를 위한 또 다른 실험에 도전한다. 2015년 카카오페이지를 통해 웹툰 버전을 공개한 것이다. 남희성 작가의 원작을 만화가 김태형 작가와 이도경 작가가 개작하여 재탄생한 웹툰 버전는 현재 카카오페이지에서 인기리에 연재 중이며 2019년 10월 기준 224만 명의 구독자와 19만 6,000개의 누적 댓글을 기록하고 있다. 특히 활자화된 소설보다 이미지에 익숙한 10대에게 웹툰은 더 쉽게 다가갈 수 있는 콘텐츠로 웹소설 IP를 활용하여 성공한 사례이다.

《달빛조각사》의 웹소설과 웹툰 버전의 Ai 키토크를 보면서 두 작품을 읽는 독자에 대해 한번 상상해 보았다. 우선 캐릭터, 스토리, 분위기를 형용하는 웹소설의 어휘가 웹툰보다 더 구체적이고 강렬하다. 캐릭터 키토크의 경우 웹소설은 끈질긴, 악독한, 칼 같은, 사악한 등 직설적이고 강렬한 어휘를 사용해 캐릭터를 설명하고 있는 반면, 웹툰은 가치판단이 포함되어 있지 않는 담담한 어휘를 사용하고 있다. 따라서 웹소설의 키토크가 더욱 감정적인 인상을 주는데 이러한 경향은 독자 반응, 스토리, 분위기에서도 동일하게 발견된다. 웹툰이 세세하고 구체적인 스토리라고 평가하는 동안 웹소설은 '맛깔 나는', '말이 안 나오는', '미친' 스토리라는 반응을 보인다. 키토크만 봐도 확실히 웹소설 독자층의 충성도가 웹툰보다 강하다는 것을 알 수 있다. 웹툰의 키토크가 웹소설만큼 격렬하거나 감정적이지 않은 것은 《달빛조각사》가 웹툰으로 연재되면서 유입된 새로운 독자층이기 때문일 수도 있다.

《달빛조각사》의 확장 가능성을 확인한 업계는 《달빛조각사》의 IP를 활용하는 대규모 투자를 진행하기로 한다. 바로 《달빛조각사》의 배경이자 세계관인 MMORPG 로열 로드를 제작하기로 한 것이다. 게임이 배경인 데다 10년 넘게 작품을 연재해 오면서 웬만한 MMORPG의 기틀을 만들 수 있을 정도로 캐릭터, 배경, 아이템, 퀘스트에 대한 자료가 축적된 상태였기 때문에 《달빛조각사》의 게임화 여부에 일찍부터 원작 팬들의 관심이 집중되어

《달빛조각사》 웹소설과 웹툰 Ai 키토크 비교

구분	웹소설 《달빛조각사》 Ai 키토크	웹툰 《달빛조각사》 Ai 키토크
독자 반응	드라마급인, 분량이많은, 짧게 느껴지는, 걸작인, 실망시키지 않는, 믿을만한, 전율돋는, 기발한, 역대급인, 호감가는	축축한, 기다린보람이있는, 상상되는, 섭섭한, 낯선, 퀄리티대박인, 꼭필요한, 실망시키지않는, 적당한, 불쌍해지는, 꾸준한, 쭉 읽기좋은
그림체		고퀄인, 그리기힘들것같은, 열심히그린, 금손인, 정교한, 그림체가 아름다운, 특유의그림체가 있는, 휘황찬란한, 그림을잘그리는
캐릭터	비열한, 고귀한, 칼같은, 끈질긴, 악독한, 고급진, 악랄한, 잔혹한, 사악한, 운이좋은, 치명적인, 사기캐릭터인	활발한, 사소한, 도도한, 씹어먹는, 여신같은, 개척하는, 사기캐릭터인, 쿨한, 반항하는, 단호한, 미만인, 오지랖넓은
스토리	희귀한, 건전한, 풍부한, 납득하게되는, 맛깔나는, 말이안나오는, 보편적인, 복선까는, 미친, 거부할수없는, 표현력 좋은	월척인, 퀄리티높은, 정신없는, 묵직한, 익숙해진, 세밀한, 괴리감드는, 디테일한, 세세한, 구체적인, 열광하게 하는, 자세한
분위기	섬뜩한, 좌절하는, 미묘한, 은밀한, 찬란한, 긍정적인, 고요한, 감정이입되는, 격렬한, 무서운, 진한, 서글픈, 불길한	무게감있는, 무거운, 점잖은, 산뜻한, 맑은, 여유로운, 진중한, 자유로운, 심각한, 고요한, 느긋한, 감수성있는

있었다. 그리고 게임 제작과 출시가 발표되자 MMORPG '달빛조각사'에는 사전예약자가 320만 명이나 몰리면서 그 기대가 숫자로 현실화되었다.

사실 그 이전에도 판타지 소설을 MMOROG로 출시한 예가 없는 것은 아니었다. '드래곤 라자' 등이 PC 게임과 모바일 게임으로 출시되지만 시장에서 기대만큼의 좋은 성과를 거두지는 못했다. 그런 까닭에 《달빛조각사》의 게임화도 기대와 우려가 공존하고 있었다. 그러던 중 MMORPG '달빛조각사'의 제작을 엑스엘게임즈가 개발하는 것으로 알려지면서 게임화에 대한 기대가 더욱 높아졌다. MMORPG '달빛조각사'의 개발사가 1세대 MMORPG '바람의 나라', '리니지' 등을 개발한 송재경 대표가 설립한 엑스엘게임즈였기 때문이다.

대작과 대가의 만남이라고 기대가 높아지기는 했으나 그렇다고 불안감이 완전히 해소된 것은 아니었다. 2003년 송재경 대표는 엑스엘게임즈를 설립하고 2013년 아키에이지를 출시했고 그해 대한민국 게임대상을 수상했다. 다만 이후 성과는 부진했다. 미국 투케이게임즈와 함께 '문명 온라인'을 내놓았으나 1년여 만에 서비스를 종료했으며 '브레이브스 포 카카오', '아키에이지 비긴즈' 등의 모바일 게임은 시장 안착에 어려움을 겪었다. '달빛조각사'를 출시하면서도 여러 가지 우여곡절을 겪었는데 라인게임즈와 퍼블리싱 계약을 체결했으나 이견 차로 인해 계약 해지가 되는 아픔을 겪은 것이다. 물론 이후 카카오게임즈와 다시금 퍼블리싱 계약을 체결하고 100억 원대 투자를 유치하면서 큰 주목을 받기는 했다(아이뉴스, 2019. 10. 14).

MMORPG '달빛조각사'는 출시 이후 큰 반향을 모으며 앱 스토어와 구글 플레이 스토어에서 상위에 랭크되었다. 그리고 그 원인은 여전히 원작이 가진 스토리의 힘이 가장 컸다고 평가되고 있다. 최근 모바일 MMORPG는 최대한 빠르게 캐릭터를 성장시켜 다른 이들과 대규모 전쟁을 즐기는 형태로 발전하는 추세라고 한다. 하지만 '달빛조각사'는 위드의 성장기를 다룬 원작처럼 이용자의 성장 과정 자체에 초점을 맞추며 차별화를 시도했다. 다양한 퀘스트를 통해 레벨업을 하고 더 좋은 장비를 획득해 착용하는 것은 어느 모바일 MMORPG나 마찬가지이지만, '달빛조각사'는 원작에서 주인공이 그랬던 것처럼 퀘스트를 즐기는 방법에서 차별를 꾀했다. 자동전투 위주인 요즘 모바일 MMORPG들은 클릭만 하면 알아서 이동하고 퀘스트를 받는 구조로 만들어져 있지만, '달빛조각사'는 원작 위드의 모험을 간접 체험하는 메인 스토리 외에는 정해진 것이 아무것도 없기 때문에 개인마다 각기 다른 모험을 할 수 있게 디자인했다. 모두 똑같은 퀘스트 동선을 따라가는 것이 아니라 어떤 곳을 다니고, 어떤 행동을 우선적으로 했는지에 따라 각기 다른 퀘스트가 눈앞에 나타나며, 특히 히든 퀘스트라고 해서 아예 획득 조건이 숨어있는 퀘스트도 있기 때문에 퀘스트를 따라가는 것이 아니라 모험을 찾아다니는 느낌을 최대한 느낄 수 있도록 구성했다. 원작에서 위드가 남들과 달리 한 달 동안 허수아비만 쳤기 때문에 다른 경험을 할 수 있었던 것처럼 플레이 과정에 따라 남들과는 다른 자신만의 모험을 떠나게 되는 것이다(게임동아, 2019. 10. 15). 유저의 선택에 따라 퀘스트가 달라지고 유저에 따라 스토리 라인이 달라지는 MMORPG '달빛조각사'의 스토리텔링은 흡사 하이퍼텍스트로 연결된 스토리스페이스와 유사하다.

《달빛조각사》의 스토리 월드

《달빛조각사》의 창작 과정, 유통 방식 전환, IP 활용은 웹소설의 성장과 잠재력을 여과 없이 보여 주는 사례이다. 1세대 인터넷 소설의 독자였던 작가는 자신이 즐겨 있던 판타지 소설로부터 영감을 얻어 자신의 일상에서 얻은 소재(MMORPG)를 이용하여 새로운 장르의 소설을 집필하기 시작한다. 그는 이 소설을 인터넷에 연재했고 기발함과 친숙함 때문에 많은 독자들이 이 소설을 지지했다. 큰 인기에 힘입어 소설은 곧바로 종이책으로 출판되었고 장르소설로는 드물게 많은 판매량을 기록하며 전자책으로도 발행되었다. 얼마 후 소설의 유통 매체는 인터넷에서 모바일로 바뀌게 되었다. 모바일 플랫폼 시대가 열리면서 《달빛조각사》는 더 많은 독자와 만날 수 있는 기회를 얻는다. 활자화된 소설에 익숙하지 않은 세대를 겨냥하여 원작을 기초로 한 웹툰도 제작되었다. 그 이후 원작소설은 자신이 소재로 삼았던 MMORPG로 개발되기 시작한다. 원작소설은 MMORPG의 문법을 가져와 작가의 상상력을 투영하여 만든 제품이라 실제로 MMORPG로 구현하기에도 손색이 없을 것이라는 평가가 예전부터 있어 왔다. 제작 출시된 MMORPG는 기존 MMORPG의 공식을 따르면서도 원작의 세계관과 주제의식이 융합된 형식과 개성을 보여 준다.

문득 이런 의문이 생긴다. 《달빛조각사》의 원전은 무엇이었을까? 일부 독자들은 《달빛조각사》를 '양판소', 즉 서양 판타지 소설로 분류하기도 하는데 《달빛조각사》의 원전은 서양 판타지 소설일까? 그렇게 말할 수도 있을 것이다. 《달빛조각사》의 주요 배경이 되는 로열 로드의 캐릭터나 왕국, 드래곤, 몬스터, 길드와 같은 구성 요소를 보면 《달빛조각사》는 서양 중세시대를 재매개하는 서양 판타지를 '다시 쓰고' 있는 것처럼 보인다. 그런데 한 가지 더 짚고 가야 할 것이 있다. 남희성 작가는 자신이 인터넷소설의 독자로서 한국의 판타지 소설을 즐겨 읽었고 '드래곤 퀘스트'나 '파이널판타지'와 같은 온라인 게임을 했다고 말했다. 그렇다면 《달빛조각사》는 서양 판타지를 재매개하는 한국의 판타지 소설과 '온라인 게임'을 '다시 쓰고' 있는 것이 아닐까? 그런데 《달빛조각사》에 서양 판타지의 요소만 있을까? 나는 《달빛조각사》의 결말이 매우 동양적이라고 생각했다. 난세를 평정하고도 부귀영화를 탐하지 않고 초야에 은거하는 금욕적인 의인은 유가적이면서도 도가적이다. 작가가 한국인인데 주인공이 안분지족(安分知足)하는 결말에 이르는 것이 딱히 이상한 일도 아니다.

이렇게 보면 《달빛조각사》는 양피지에 계속 덧쓴 '팔랭프세스트' 같은 이야기이다. 많은 요소를 고쳐 쓰고 다시 써서 스토리 월드를 구축했기에 이것은 원전이 있는 복제라고 할 수 있다. 이렇게 구축된 스토리 월드는 웹툰과 MMORPG도 함께 공유된다. 매체마다 자극하는 감각이 다르기 때문에 익숙한 스토리라도 매체가 바뀌면 인용된 원전과는 다른 형태의 감정을 느끼게된다. 원전의 IP가 매체를 바꾸면서 활발하게 활용되는 이유이다. 결국 다매체 시대에 경쟁력은 누가 얼마나 흥미진진한 스토리 월드를 구축하느냐에 달려 있다고 해도 과언이 아니다.

웹상의 콘텐츠는 매우 복잡한 연결 관계와 상호작용을 통해서 등장하고 변주되며 확산된다. 거미줄같이 연결된 네트워크 안에서 이야기는 더 많이 인용되고 참고되고 반복될 것이다. 《달빛조각사》가 그런 것처럼 말이다.

웹소설 해외 사례:
중국 역사소설 《랑야방(琅琊榜)》

웹소설 해외 사례: 중국 역사소설 《랑야방(琅琊榜)》

대중문화 콘텐츠의 보고

중국의 인터넷 공간은 최근 가장 활력이 넘치는 문화 영역이다. 중국에서 유행하는 IP각색(IP改編)은 웹소설의 저작권 (intellectual property)을 구매해 출판 인쇄물, 영화 제작, 게임 등 다양한 문화상품으로 각색하는 '원소스-멀티유즈'의 개념이다. 인터넷과 스마트폰의 보급으로 네트워크에 접속하여 웹 콘텐츠를 이용할 수 있는 편리한 환경이 조성되자 접근이 용이하고 참가에 특별한 제한을 두지 않는 인터넷 공간에서 창작 활동이 활성화되었다. 예술작품을 창작하고 소비할 여건이 되지 않았던 소외 계층이나 빈약한 오프라인 콘텐츠에 만족하지 못한 젊은 세대가 이러한 추세에 적극적으로 편승했고, 인터넷 공간은 명실상부한 대중문화 콘텐츠의 보고(寶庫)가 되었다. 그중에서 다수의 지지를 획득한 양질의 콘텐츠가 영화, 드라마, 게임 등으로 각색되어 상업적인 성공을 거두자 중국 대형 인터넷 기업들은 웹소설의 성장 가능성에 주목했다. 텐센트, 알리바바와 같은 대형 인터넷 기업은 작가 발굴과 저작권 확보, 웹소설 플랫폼 구축과 IP각색에 대규모 자금을 투자하면서 인터넷 콘텐츠 산업의 규모를 확대했다.

이제 중국에서 인터넷은 매력적인 콘텐츠가 생산되고 새로운 문화상품이 배출되는 창조적 공간으로 자리 잡았다. 기술의 발전과 산업 생태계의 구조 변화로 인터넷 콘텐츠가 IP각색을 통해 보다 보편적인 대중문화로 접합하게 되었다. 제작사와 매체가 증가하면서 한층 복잡하고 다원화된 소통 창구가 조성되었고, 과거 '정부-국영방송국-시청자'의 일방향적인 대중문화 전파 방식이 타파되었다. 이러한 지각 변동으로 주류문화 외곽에 머물고 있던 잠재 계층의 창작과 소비가 문화현상 전반으로 급부상했으며 인터넷 콘텐츠가 보다 보편적인 대중문화 콘텐츠로 전환될 수 있는 활로도 개척되었다.

전통적으로 중국에서 저술은 매우 수준 높은 사회문화적 활동으로 평가되었다. '글을 쓰는 사람(작가)'은 높은 예술적 지위와 사회적 지위를 동시에 보유하고 있었다. 즉, 작가는 '사당에 거하며 백성을 걱정하고 세속을 멀리하고 임금을 근심하는(居廟堂之上而憂其民, 處江湖之遠而憂其君)' 신분의식을 가지고 있었다. 글을 쓰는 사람의 창작 활동은 이와 같은 수련의 결과로 선대의 글쓰기 전통을 학습하고 오랜 기간 기술적 훈련을 거친 후에야 훌륭한 작품을 창작할 수 있다는 인식이 있었다. 따라서 중국에서 시가(詩歌)나 소설은 학습하는 사람, 엘리트 계층이 창작하고 향유하는 고급 문화였다(歐陽友權, 2014).

저자가 특별한 권위를 누리는 전통은 그 이후까지 이어진다.

중국 국내에서 활동하는 작가를 관리하는 기구인 중국 작가협회(作家協會)는 '회원제'로 운영된다. 이러한 조직은 작가에게 제도적으로 특별한 자격을 부여함으로써 귀속감과 공동체의식을 형성하고 사회계층적 자의식을 강화하는 수단이 된다.

반면 인터넷은 특별한 자격이나 훈련을 전제하지 않고 누구나 글을 쓸 수 있는 환경을 제공한다. 과거 문학은 여러 가지 조건과 자격을 갖추어야 만들어지는 경외의 대상이었지만, 지금은 누구나 마음 내키는 대로 긁적거릴 수 있는 자유의 공간이 되었다. 작가협회 회원은 2만 명(중국 작가협회 소속 9,000명, 각 성급 작가협회 소속 9,300명)이 채 되지 않는 반면 현재 인터넷에서는 2,000만 명이 넘는 작가가 글을 쓰고 있고, 인터넷 소설 플랫폼에 등록한 작가만도 200만 명이 넘는 것으로 알려져 있다(歐陽友權, 2014). 웹소설 작가인 리쉰환(李尋歡)은 신문화운동이 백화문 사용을 통해 문학을 대중에게 돌려주었다면 인터넷은 문학과 독자 사이에 가로막힌 장벽을 허물었다고 지적하며, 전통 문학이 일부 엘리트에 독점되어 일반 독자와 소통하지 못한 한계가 인터넷을 통해 극복되었다고 주장한다(歐陽友權, 2014).

중국 웹소설 시장에서 여성 작가의 작품이 공전의 히트를 치게 된 것도 인터넷이 가진 개방성 때문에 가능한 일이었다. 최근 사회적 반향을 일으킨 드라마 〈보보경심(步步驚心)〉, 〈화천골(花千骨)〉, 〈견훤전(甄嬛傳)〉, 〈랑야방(琅琊榜)〉, 〈미월전(羋月傳)〉, 〈삼생삼세 십리도화(三生三世 十里桃花)〉 등은 여성 작가의 웹소설을 원작으로 제작한 것이다. 대중에게 인기가 높은 작품의 경우 드라마뿐만 아니라 서적, 영화, 게임 등의 파생상품으로도 출시되어 화제가 되기도 했다.

중국의 기존 문화계는 하향식의 권위주의적 구조를 취하기 때문에 네트워크 환경에 기반한 웹소설의 성장이 가져오는 사회문화적 변화를 관찰하기에 좋은 사례가 될 것이다.

중국의 웹소설 현황

웹소설의 성공 여부는 독자의 조회 수, 댓글 수, 저장 수, 평론 수 등 양적 기준에 따라 결정되며 인기의 척도가 된다. 인기 있는 웹소설은 다른 매체로 각색될 때 성공을 거둘 가능성이 높다고 여겨져 다른 매체 종사자에게도 높은 관심을 받는다. 그리고 실제로 영화나 드라마로 각색된 웹소설이 큰 성공을 거둠으로써 웹소설의 상업적 가치를 증명하기도 했다. 이러한 성공이 이어지자 드라마, 영화 제작사들은 인기 순위가 높은 웹소설의 판권 계약을 위해 치열한 경쟁을 치르기도 한다. 따라서 웹소설의 가치는 당초 인터넷 공간에서 해당 작품이 얼마나 많은 인기를 거두었는지에서 시작된다고 볼 수 있다.

시장조사업체 아이리서치(I Research)에 따르면 중국의 웹소설 시장은 2012년 22억 7,000만 위안에서 2016년 90억 위안(약 1조 5,000억 원)으로 4년 사이에 네 배 가까이 성장했다. 중국에서는 하루 평균 1억 5,000만 자의 웹소설이 업로드되고 있으며, 매년

200만 편의 웹소설이 쏟아져 나오고 있다. 웹소설 독자 또한 비약적으로 증가했다. 2016년 웹소설 독자는 3억 명을 넘어섰으며 2억 1,700만 명이 PC앱을 이용하여, 2억 6,500만 명이 스마트폰 앱을 이용하여 웹소설을 구독했다(I Research, 2016a).

웹소설은 주로 청년층을 중심으로 유행하고 있다. 아이리서치 조사에 따르면 2016년 16개 웹소설 플랫폼과 계약한 작가 수는 142만 4,000명이었으며, 평균 연령은 28세로 19~30세가 69%를 차지했다(I Research, 2016b). 웹소설의 독자 또한 24세 이하가 31.8%, 25~30세가 29.6%를 차지하여 30세 이하가 31.4%로 웹소설 작가와 독자 모두 30대 이하가 주류를 이루었다(I Research, 2016a). 웹소설을 5년 이상 읽은 독자는 34.5%였으며 3~5년 20.6%, 2~3년 20.1%, 1~2년 11.7%, 1년 미만 9.7%로 최근 5년 사이 웹소설 독자가 크게 증가했으며 2년 이상 웹소설을 이용 중인 독자도 75.4%가 되어 충성도가 높은 독자층을 구축하고 있었다(I Research, 2016a). 디지털 기기에 익숙한 청년층이 새로운 인터넷 웹소설을 집필하고 소비하는 것이다.

특히 모바일 기기가 보급되면서 웹소설의 성장에 더욱 가속도가 붙었다. 아이리서치의 조사에 따르면 웹소설 독서를 위해 79.9%가 스마트폰이나 태블릿PC로 웹사이트에 접속한다고 답했으며 71.4%가 소설 앱을 이용한다고 응답했다. 이에 비해 데스크톱PC를 이용한다는 응답자는 47.8%, 킨들과 같은 전자책 리더기를 이용한다는 응답자는 30.9%, 인쇄물을 이용한다는 응답자는 17.4%에 그쳐 모바일 기기를 이용하는 응답자 수가 압도적으로 다수를 점했다(I Research, 2016a).

소설 앱 다운 수와 이용 시간 변화 추세를 통해서도 모바일이 웹소설 독서의 중요한 매체가 되는 것을 확인할 수 있다. '2017 1~7월 앱설치 기기 수 및 이용 시간'에서 보듯, 2017년 1~9월까지 웹소설 앱을 다운받아 설치한 기기는 2억 4,000만 대에서 2억 5,900만 대로 증가했으며, 같은 기간 앱을 사용해 독서한 시간도 14억 9,000만 시간에서 18억 4,200만 시간으로 지속적으로 늘고 있다.

이와 같이 중국 웹소설의 성장은 중국의 인터넷과 디지털 기기의 보급이라는 환경의 변화가 저자와 독자의 폭발적인 증가를 견인하고 있다. 쓰기와 읽기, 접속에 유용한 디지털 기기가 등장할 때마다 PC에서 모바일로, 스마트폰에서 웹소설 플랫폼으로 그 접속 매체도 함께 변화한다. 이러한 변화를 주도하는 것은 물

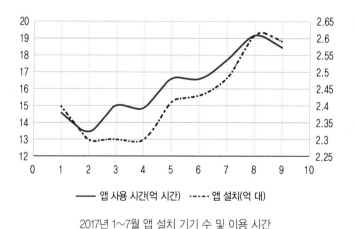

2017년 1~7월 앱 설치 기기 수 및 이용 시간

출처: I Research(2017a, 2017b, 2017c).

론 인터넷 대기업들이다. 텐센트는 웨원문학(閱文文學)을 인수하며 웹소설 플랫폼계의 절대 강자로 등장했고, 알리바바도 2016년 알리문학을 창립하여 웹소설의 저작권 확보와 IP 확장을 적극적으로 추진 중이다. 두 기업 모두 웹소설 플랫폼의 편이성을 향상시키는 기술 개발과 IP 확장을 통한 수익 창출 사업모델 구상에 열중하고 있다. 그리고 다른 한편에서는 디지털 기기에 익숙한 청년 세대가 웹소설을 집필하고 소비하면서 웹소설을 폭발적인 성공을 지원하고 있다.

웹소설에서 웹드라마로

최근 중국의 드라마 시장은 전통적인 TV드라마와 웹드라마로 양분되기 시작했다. TV와 웹 플랫폼에서 모두 성공하는 드라마가 없는 것은 아니지만 오로지 웹플랫폼에서 방영하는 것을 목표로 제작되는 드라마도 갈수록 늘어나는 추세이다. 2018년에 100억 뷰 이상의 조회 수를 기록한 드라마는 181억 8,000만 뷰의 〈연희공략(延禧攻略)〉, 164억 9,000만 뷰의 〈연애선생(戀愛先生)〉, 162억 6,000만 뷰의 〈여의전(如懿傳)〉, 149억 5,000만 뷰의 〈향밀침침신여상(香密沈沈燼如霜)〉, 144억 3,000만 뷰의 〈부요(扶搖)〉, 129억 3,000만 뷰의 〈담판관(談判官)〉, 101억 5,000만 뷰의 〈귀거래(歸去來)〉 등 7편이다. 그중 TV드라마 시청률 10위권에 든 드라마는 〈연애선생〉과 〈향밀침침신상여〉 2편뿐이다.

중국에서는 어떤 매체로 드라마를 시청하느냐에 따라 시청자의 특징이 확연하게 구별된다. 그중에서도 주목해야 할 것은 바로 웹드라마 시청자의 증가이다. 2018년 12월 기준 중국 웹드라마 사용자 수는 6억 1,200만 명을 기록하여 전년 대비 5.8% 성장했다. 스마트폰 동영상 플랫폼 이용자 수는 5억 8,900만 명을 기록하여 전년 대비 7.5% 성장했다. 중국에서는 두 명 중에 한 명은 웹드라마를 시청하고 세 명 중에 한 명은 스마트폰 동영상 플랫폼을 사용하는 것이다. 2018년에 방영된 웹드라마는 286편으로 전년 대비 27% 증가했으며, 총 조회 수는 764억 뷰로 전년 대비 56.08% 증가했다. 2016년과 비교하면 300% 성장한 수치이다. 웹드라마의 비약적인 성장은 웹소설이 대중문화 산업에 미치는 영향력이 커졌다는 방증이기도 하다. 2017년에 방영된 조회 수 상위 50위권 드라마 중 32편, 즉 64%가 웹소설를 원작으로 하며 상위 10위권 웹드라마 중에서는 무려 7편이 웹소설을 원작으로 하고 있다(《中國電視劇産業發展報告2019》).

웹드라마 시청자는 26~30세가 44.9%로 과반수에 가까운 가장 높은 비율을 차지하며, 18~25세가 24.6%, 31~40세가 22.6%로 그 뒤를 잇고 있다. 소득 수준으로 봤을 때 2,000~3,999위안이 32.1%, 4,000~5,999위안이 32.2%으로 2,000~6,000위안 소득자가 전체에서 차지하는 비율이 64.2%에 이른다(《中國電視劇産業發展報告2018》). 이와 같이 웹드라마는 주로 40대 이하의 중등소득, 중등소득 이하 청년층이 주로 향유하는 문화상품이다.

웹드라마의 시청군은 웹소설 독자층과도 충첩된다. 웹소설 또한 40대 이하의 독자가 전체의 97%를 차지하며 3,000~8,000위 안 소득자가 전체의 63.6%를 점유하여 40대 이하의 중등소득, 중득소득 이하 청년층이 주로 이용자이다. 웹소설을 읽는 것 외에 가장 많이 이용하는 인터넷 콘텐츠도 동영상 시청이 53.3%으로 가장 높았다.[1] 청년 세대에게 웹은 문화 콘텐츠를 소비하는 주요 통로이다. 따라서 청년 세대를 겨냥한 웹콘텐츠 사이에는 비슷한 성향과 특징이 나타나며, 하나의 웹콘텐츠가 성공하면 다른 웹콘텐츠로 확장되는 일도 흔하게 나타난다. 2014년 연재되기 시작한 웹소설《택천기(擇天記)》는 인기를 크게 얻으면서 그 이듬해 온라인 게임과 애니메이션으로 제작되었으며, 2017년에는 드라마로 방영되었다. 흥미로운 것은 2015년 애니메이션이 방영될 당시 〈택천기〉의 검색어 순위가 대폭 상승했다는 점이다. 애니메이션 방영은 웹소설로 흥행했을 때보다 화제성이 더 컸으며, 드라마 방영까지 대중의 관심을 모아 291억 9,300만 뷰로 2017년 조회 수 4위에 오를 수 있었다.[2]

웹을 매체로 사용하는 세대가 공유하는 취향이 있다는 사실은 성공한 웹콘텐츠가 다양한 형식으로 웹상에서 IP 확산을 하고 있다는 사례를 통해서 확인할 수 있다. 그중에서도 '이야기'를 다루는 웹소설은 다양한 콘텐츠로 변주될 수 있는 잠재력이 가장

---

1 그 외에 게임(33.6%), 음원스트리밍(25.4%), 애니메이션 시청(23.2%)의 순으로 나타났다 (I Research, 2016a).

2 한국에서도 웹콘텐츠 사이의 IP 확장이 빈번하게 발생한다. IP 확장 사례가 있는 플랫폼 업체 중 웹툰이 평균 6건으로 가장 많았으며 드라마 평균 2.3건, 비주얼노벨 평균 2건 순으로 나타났다.

크다. 앞으로도 웹을 문화소비의 통로로 사용하는 인구수는 꾸준하게 늘어날 것이기에 웹상에서 다양한 매체와 연결되는 웹소설의 성장 가능성은 갈수록 커질 것으로 전망된다.

고전이 된 《랑야방》

웹소설도 고전이 될 수 있을까?

한 작품이 다른 작품과 차별되는 성취를 이루고 그 평가가 시간과 공간을 초월하여 오랫동안 변함없이 유지될 때 우리는 그 작품을 고전이라고 부른다. 전통적으로 작가는 오랫동안 많은 사람들의 인정을 받을 수 있는 작품을 창작하는 것을 최고의 목표로 삼는데, 이러한 작품 중에서 오랜 기간 반복해서 감상해도 늘 새롭고 의미를 발견할 수 있는 심오한 세계관을 갖춘 작품만이 고전이라고 불리는 명예를 얻는다.

오우양요우췐(歐陽友權, 2014)은 웹소설이 작품의 내용과 형식에서 고전을 지향하지 않는다고 지적한다. 웹소설은 심오하고 사색적인 가치보다 독자와 교류하고 공감을 불러일으킬 수 있는 생동감 넘치는 언어나 풍자, 유머, 영상·그림·음악의 삽입과 같은 형식을 더욱 중요시한다. 빠르게 등장하고 인기를 얻는 인터넷 공간의 작품들은 장기간 숙려와 퇴고를 거친 원전이기보다는 디지털 기술을 활용한 내용과 형식의 복제인 경우가 대부분이다.

중국 웹소설 작가들의 집필 동기를 보아도 즉흥적인 경우가 대부분이다. 웹소설 작가를 대상으로 한 아이리서치의 조사에 따르면 가장 많은 응답자가 '어렸을 때부터 글을 쓰는 것이 꿈이었다'(50.9%)고 답했다. 그다음으로 소설을 많이 읽고 나니 자기도 집필할 수 있을 것 같았다는 응답이 42.5%, 많은 소설을 읽다 보니 자신을 만족시키는 소설이 없어 직접 쓰게 되었다는 응답이 20.8%였다(I Research, 2016b). 설문조사 결과는 웹소설 작가들이 자신의 흥미에 따라 글을 쓰기 시작했으며 자기만족이 무엇보다도 중요한 집필 동기였음을 보여 준다. 그뿐만 아니라 그들은 저자이기 이전에 독자이며, 읽으면서 쓰는 사람들이다. '많이 읽다' 보니 쓰고 싶어졌고, '많이 보다' 보니 '다시 쓰고' 싶어진 것이 웹소설을 창작하게 된 동기였다. 다시 말하면 중국 웹소설 작가에게도 인터넷은 '적극적 읽기', '쓰기로서의 읽기'를 가능하게 해 주는 공간이다. 그렇기에 그들은 쓰면서 동시에 읽는다.

같은 조사에서 '어디서 소설의 영감을 얻느냐'는 질문에 75.0%가 다른 사람이 쓴 웹소설, 50.7%가 드라마나 영화, 47.3%가 자신이 속한 현실의 경험, 44.2%가 신문·SNS·인터넷 커뮤니티 등에서 영감을 얻는다고 응답했다. 그들은 재현을 재현하는 방식으로 소설을 쓴다. 웹 공간은 이러한 각색의 장이다(I Research, 2016b).

이처럼 웹소설은 새로운 스토리와 스타일의 창조보다는 복제, 표절, 각색이 창작의 중요한 동기이며, 이미 구축된 스토리 월드에 편입되어 이를 변주하는 것에 만족하는 경향이 있다. 그렇다면 성공한 웹소설은 익숙한 스토리 월드에 안착한 작품에 불과한 것일까?

웹소설로 연재되고 나서 이후 드라마로도 제작되어 선풍적인 인기를 끌었던 《랑야방(琅琊榜)》은 웹소설이 기존에 구축된 스토리 월드를 어떻게 창의적으로 활용하는지를 보여 주는 대표적인 사례이다.

랑야방은 쓰촨성 부동산 회사에서 근무하는 아마추어 여성 작가 하이옌(海宴)이 2006년부터 약 1년간 중국 최대 웹소설 플랫폼인 치뎬여성망(起點女生綱)에 발표한 작품이다. 연재와 동시에 랑야방은 선풍적인 인기를 끌며 베스트작품 순위에 올랐다. 연재가 끝난 후 중국의 유력 포털사이트인 텐센트(騰訊)와 시나(新浪)에서도 랑야방을 연재하기 시작했다. 바이두(百度)의 커뮤니티인 랑야방바(琅琊榜吧)에서는 랑야방의 스토리에 대한 유저들 사이의 토론이 끊이질 않았다. 도시, 영화, 음반 평론 사이트인 도우반(豆瓣)의 평점은 9.1점으로 다른 작품에 비해 압도적인 호평을 받았다. 이런 모든 사실이 랑야방이 경쟁력 있는 콘텐츠라는 것을 증명해 주었다. 그런 까닭에 랑야방이 드라마로 제작될 것이라는 사실은 당연한 일처럼 여겨졌다. 그러던 중 2011년 4월 13일 랑야방의 공식 웨이보와 작가 하이옌의 개인 웨이보는 산둥디옌잉디옌스제작중심(山東電影電視制作中心)이 랑야방을 드라마로 제작하게 되었다고 공식적으로 발표했다.

2011년 4월 13일 드라마 제작을 발표하고 2015년 9월 19일 방영하기 전까지 무려 4년이 넘는 시간이 걸렸다. 그동안 드라마 제작팀은 웹소설 팬들과 소통을 지속하면서 팬들의 기대감을 고

취시키고 작품에 대한 관심을 일반 대중에게까지 확대하는 SNS 홍보를 기획했다. 드라마 제작 발표 몇 달 뒤인 2011년 7월 7일부터 공식 웨이보 계정을 통해 《랑야방》에서 가장 자신의 취향을 저격한 장면은 무엇인가요? 자신의 눈물샘을 자극한 장면은 무엇인가요? 가장 부각시키고 싶은 장면은 무엇인가요?"와 같은 질문을 올리며 웹소설 팬들의 반응을 살폈다. 원작자 하이옌은 드라마의 극본도 맡았는데 웹소설 팬들의 답변을 참고하여 드라마 극본의 편집점을 설정할 수 있었다.

또한 공식 웨이보는 2014년 1월 4일 '《랑야방》 드라마판 남자 출연자를 추천하세요'라는 공지를 포스팅했다. 드라마 제작사는 참여한 누리꾼을 대상으로 추첨하여 선물을 보내고 추천자에게 답변을 보내는 등 기존 웹소설 팬들과 활발한 소통을 이어 갔고, 총 1,578건의 의견이 올라왔다. 공식 웨이보는 1월 16일에는 다시 '《랑야방》 드라마판 여자 출연자를 추천하세요'라는 공지를 포스팅하여 총 282건의 회신을 받을 수 있었다. 두 차례의 출연자 추천 행사를 통해 제작사는 대중 선호가 높은 배우나 특정 역할에 대해 웹소설 팬들이 어떤 배우를 지지하고 있는지에 관한 광범위한 정보를 수집할 수 있었다. 이러한 정보를 토대로 배우 간의 균형을 고려하여 최종적으로 매장소(梅長蘇) 역에 후거(胡歌), 예황(霓凰)군주 역에 류타오(劉濤), 정왕(靖王) 역에 왕카이(王凱), 예왕(譽王) 역에 황웨이더(黃維德), 몽지(蒙摯) 역에 천룽(陳龍), 비류(飛流) 역에 우레이(吳磊)가 낙점되었다. 제작진은 주요 역할의 배우를 결정하는 과정에서도 웹소설 팬들과 의견을 공유했고 이를 통해 긴 제작 기간에도 드라마에 대한 관심과 기대를 유지할 수 있었다.

랑야방의 드라마 제작사는 웹소설 팬과의 지속적인 교류를 통해 수용자의 특성을 파악하여 이를 작품에 반영했고, 팬들의 적극적인 SNS 활동을 촉진하여 일반 대중에게도 작품이 알려지도록 홍보 전략을 세웠다. 웹소설을 원작으로 하는 드라마는 일반 드라마와 달리 이미 상당수의 팬층을 확보하고 있다. 따라서 드라마에 대한 이들의 지지와 인정이 매우 중요하며, 열성적인 웹소설 팬의 지원은 드라마가 성공하는 데 중요한 동력이 된다.

두터운 웹소설 팬층의 지지 위에 새로운 팬층이 유입하면서 랑야방은 보편적 지지를 받는 대중문화 콘텐츠로 성장해 가기 시작했다. 2015년 10월 랑야방이 처음 방영되던 당시 랑야방 시청자의 성비는 여성 59%, 남성 41%로 여성이 남성보다 높았으나 2018년 10월 1일을 기준으로 했을 때는 남성 55%, 여성 45%로 오히려 남성 시청자의 비율이 여성 시청자를 상회하여 랑야방이 남성과 여성 모두에게 지지를 받는 작품이라는 것을 보여 주었다(王泓凱 2019).

소설 랑야방은 중국 역사의 특정 시기를 배경으로 하지 않는다고 밝혔지만 소설에서 언급되는 지명과 국명은 남북조 시대를 연상시킨다. 양(梁)이 북쪽 이민족 국가인 북위(北魏)의 위협을 받고 있다는 상황은 저자가 가상의 역사 공간을 배경으로 했다고 하더라도 자연스럽게 남조(南朝)가 직면하고 있던 역사문화적 배경을 독자에게 상기시킨다. 더 많은 대중을 대상으로 드라마로 제작하면서 제작진은 아예 드라마의 시공간적 배경을 남북조 시기로 확정하고 그 시기에 맞춘 의상과 소품으로 판타지의 공간을 역사의 공간으로 전환시켰다. 웹소설이 비교적 제한적 범위의 마니아층을 대상으로 하는 것과 달리 TV드라마는 더 많은 대중을 상대로 하기 때문에 보여 주기에서도 낯설음과 이질감을 감소시킬 필요가 있었던 것이다.

유명배우와 대형 제작사, 첨단 기술이 결합한 거대 프로젝트였던 랑야방은 드라마 방영 중에 이미 제작비를 환수할 정도로 큰 성과를 거두었다. 드라마는 웹소설의 서사 구조를 가져오면서도 '보여 주기'에 더욱 공을 들였고 최근 눈이 높아진 시청자의 기호에 맞추기 위해 철저한 역사 고증을 거친 의상과 소품으로 호평을 받았다. 컴퓨터 그래픽(CG), 음향, 장면, 소품이 첨가된 영상화가 진행되면서 웹소설이 본래 가지고 있던 혼방(混倣)의 성격이 보다 더 강화되었다. 드라마 랑야방은 이질적이면서도 완성도 높은 기성품처럼 보였다. 드라마 외에도 랑야방은 오디오북, 게임, 애니메이션, 랑야방 투어 등 다양한 문화상품으로 파생되어 그 영향력을 지속적으로 확대해 나갔다.

랑야방이 이와 같이 성공할 수 있었던 비결은 무엇보다도 이야기가 가진 경쟁력에 있다. 랑야방은 독자에게 익숙한 역사를 배경으로, 역시 낯설지 않은 비극적 운명을 가진 영웅의 서사를 반복한다(郭明溪, 2016). 이러한 랑야방이 거대 자본과 결합해 만들어 낸 TV드라마는 기존의 역사소설과 무협소설에서 자주 등장하는 영웅의 스테레오 타입을 다시 한번 공허하게 재현하는 것처럼 보이기도 한다.

그러나 린다 허천(2017)이 강조한 것처럼 반복된 변주는 그 과정에서 새로운 의미를 창조해 내기 마련이다. 그리고 마한광(馬漢廣, 2014)이 웹소설을 옹호하며 웹소설의 문학성을 인터넷 네트워크와 디지털 테크놀로지라는 복잡한 연결 관계 안에서 파악해야 한다고 주장한 것처럼 웹소설은 기존의 문학과 차별되는 자기 규율과 가치를 지니고 있다.

우선, 웹소설의 장르 변주에 대해 살펴보자. 랑야방은 황궁을 배경으로 하지만 흔하디흔한 궁중 암투극이 아니다. 후궁들의 경쟁만큼이나 조당(朝堂)에서 정사를 다투는 남성들의 이야기도 중요하게 다루어진다. 랑야방은 역사물, 무협물의 외피를 지녀 여성은 물론 남성에게도 어필할 수 있는 많은 장르적 요소를 가지고 있었다. 랑야방은 억울하게 모함을 받고 패망하게 된 가문의 후손인 임수가 비밀결사체인 강좌맹의 종주인 매장소가 되어 가문의 누명을 벗고 국가를 위기에서 구하기 위해 권토중래한다는 내용이다.

복수를 위해 계략을 꾸미고 남을 이용하기도 하지만 이는 매장소가 대의(大義)를 실현하는 과정에서 벌어지는 일이다. 중국 문화에서는 대의란 공평(公平)과 인애(仁愛)를 인간관계의 바탕으로 하고 중생을 위해 자신을 기꺼이 희생할 수 있는 정신을 의미한다. 비록 매장소는 대의를 위해 권모술수를 마다하지 않지만 억울하게 죽은 기왕(祁王)에 대한 충성심과 정왕에 대한 의리를 절대 저버리지 않는다. 그런 까닭에 암투가 난무하는 가운데서도 매장소의 정의로운 이미지는 훼손되지 않는다. 사실 독자들도 매장소가 간교한 인물로 그려지는 것을 원하지 않는다. 영웅적인 인물이 어쩔 수 없는 상황에 내몰려 자신을 극한의 상황에 몰아넣고 괴로워하는 데서 카타르시스를 느끼고는 한다. 랑야방은 이처럼 중국의 윤리관을 반영한 스토리 월드로 서사의 호소력을 높이고 있다.

랑야방이 기존의 역사소설이나 무협소설과 다른 점은 대의와 충의(忠義)와 같은 공적 관계의 질서가 사적이고 친밀한 차원에서 발현된다는 점이다. 기왕의 명예를 회복하고 가문의 억울함을 풀고 대의를 실현하기 위해 매장소는 정왕과 동맹을 맺고 그에게 충심을 다하는데, 그들 사이에는 대의와 충의를 넘어서는 보다 더 애틋한 우정과 연민이 자리 잡고 있다. 대의와 충의는 무언가를 성취하기 위한 의(意)를 토대로 형성되는 가치이지만 매장소와 정왕은 의만큼이나 정감(情感)에 기초한 관계이다. 매장소에게 조력하는 몽지나 강좌맹의 부하도 협의(俠義)를 기초로 하면서도 연민, 동정, 애정과 같은 친의(親誼)에 기반을 둔 연대로 묘사된다. 이것이 복수극, 정치극, 역사극의 외피를 두르고 있지만 랑야방이 감정극(感情劇)으로 느껴지는 이유이다.

일부에서는 랑야방이 전략적으로 등장인물 간의 브로맨스(bromance)를 전면에 내세우면서 여성 독자의 지지를 획득했다고 평가한다(周賢春·將睿萍. 2016; 郭明溪. 2016). 예황군주나 궁우(宮羽)와의 관계를 극구 거부하며 금욕적인 삶을 선택한 매장소에게 정왕과의 그 애매모호한 우정은 마치 남녀 간의 애정관계를 대체하는 것처럼 보인다. 그런 까닭에 서사구조상으로도 랑야방의 여자 주인공 역할은 예황군주가 아니라 정왕이 맡고 있다. 통상 일반적인 로맨스 소설에서 여자 주인공은 남자 주인공의 곁에서 자신의 꿈을 실현하고 남자 주인공과 함께 난관을 극복한다. 그 과정에서 여자 주인공은 성장하고 자아를 실현함과 동시에 남자 주인공과 정서적 교류를 통해 남자 주인공을 변화시키는 역할을 담당한다. 랑야방에서 이러한 여자 주인공의 역할을 예황군주가 아니라 정왕이 담당하고 있다. 특히 예황군주가 원난으로 돌아가 한동안 이야기에서 사라진 시기에 매장소와 정왕의 교류가 더욱 빈번해지며 서사를 이끌어 가는 중요한 축이 된다. 이처럼 랑야방은 기존의 역사소설과 무협소설의 서사구조에 남남 커플의 은밀한 브로맨스를 강조하면서 여성 독자들의 지지를 얻는 데 성공한 것이다.

이러한 다양한 장르가 뒤섞이는 혼종성은 웹소설 본연의 특징이다. 이러한 장르의 결합과 연결로 작품 속에는 익숙함과 이질감이 동시에 존재한다. 그런 까닭에 랑야방은 다른 인터넷 콘텐츠와 마찬가지로 순수한 창작품이라기보다는 기존의 서사와 작품을 '인용'한 '혼성 모방'의 콘텐츠라고 볼 수도 있다. 랑야방은 원전의 토대 위에서 재탄생한 작품이다. 그러나 여러 장르를 재매개하는 과정에서 여성작가 특유의 해석과 관점이 가미되어 기존의 원전과 차별성을 갖게 되었다.

인터넷 공간에서 거칠지만 재기 발랄하게 발휘되던 작가 특유의 시각과 화법이 TV드라마로 각색되면서 한층 더 대중화된 표현 방식과 수사로 전환되기는 했지만, 이 과정에서도 '변하는 것'과 '변하지 않는 것'이 존재했다. 매체의 변화에도 불구하고 하이옌이 랑야방이라는 작품에서 보여 주었던 장르의 변주, 장르와 장르의 결합, 그리고 그로 인한 혼종성은 드라마로 제작된 이후에도 여전히 작품 속에 남아 웹소설 팬의 지지와 성원을 변함없이 받았다.

주류문화의 화법, 서사구조, 가치체계, 인물 특성을 변주하는 웹소설의 서사는 독자가 작품에 더 쉽게 몰입할 수 있게 해 준다. 독자는 기존의 서사와 스타일에 이미 익숙하기 때문이다. 웹소설 독자는 쉽게 접할 수 있고 잠깐 여유가 생긴 틈을 타 가볍게 읽을 수 있다는 이유로 웹소설을 선택한다.[1] 짧은 시간에 몰입할 수 있다는 장점 덕분에 웹소설 독자는 갈수록 늘어나는 추세이다.

독자와 작품, 작품과 저자를 매개하는 매체의 기술도 보다 더 쉽고 간편한 방향으로 진화하여 이제는 모바일 플랫폼이 웹소설 유통의 주요 수단이 되고 있다. 웹소설 플랫폼은 실시간으로 독자의 반응을 집계하며 작가-작품-독자의 긴밀성을 한층 제고시켰다. 독자는 자신의 기호에 맞는 작품을 해시태그로 연결하여 SNS에 홍보하거나 2차 창작을 통해 보다 더 적극적인 선전에 나서기도 한다.

웹소설 플랫폼은 작가와 독자 간의 교류와 소통을 진작시키고

---

1 2016년 조사에서 독자 중 63.7%가 잠들기 전에, 61.5%가 업무나 학업을 쉴 때, 59.3%가 주말에 한가할 때, 53.1%가 사람이나 차를 기다리는 시간에 웹소설을 읽는다고 응답했다 (I Research, 2016a).

작품의 유통에 편리성을 더했다. 그러나 다른 한편으로 웹소설이 플랫폼 중심으로 개편되면서 웹소설은 창작보다는 소비에 더 큰 방점을 찍게 되었다. 웹소설의 상품성이 두드러졌고 일부에서는 창작 없는 복제가 웹소설의 주류가 되었다고 우려를 표하기도 한다. 이른바 팔리는 작품을 연재하는 것이 창작의 동기가 된 것이다. 각색과 변주를 통해 흥행에 성공한 웹소설도 적지 않다. 아니, 마스터 플롯의 익숙한 배경과 이야기를 도입한 경우 더 쉽게 독자의 지지를 얻기도 한다.

그렇다면 이러한 각색과 변주는 아무런 의미가 없는 복제에 불과한 것일까? 린다 허천(2017)은 반복된 변주는 그 자체의 행위로 과거를 변형시킨다고 지적한다. 계속되는 반복 속에서 새로운 의미가 발견되기도 하고 잊혔던 중요한 가치가 제고되기도 한다. 비록 웹소설이 갈수록 상업화된 환경에 놓일 수밖에 없더라도 작가와 독자, 생산자와 소비자의 경계가 무너진 네트워크 세계에는 셀 수 없을 정도로 많은 독자만큼이나 무수히 많은 작가가 존재한다. 원래 복제와 재매개는 창작의 토대가 된다. 양방향 혹은 다원적 연결이 가능해진 네트워크 세상에서 웹소설은 전에 없던 새로운 방향으로 외연을 확장하고 있다는 것을 우리는 이미 확인하고 있다.

참 고 문 헌

고훈. 2010. 〈게임소설과 영웅소설의 서사구조 연구〉. 《연민학지》 14.

김남영. 2019. 《매일 웹소설쓰기》. 더디퍼런스.

김대진. 2009. 〈게임 서사에 대한 구조주의 신화론적 고찰〉. 《한국게임학회 논문지》 9(3).

김봉석·강산준. 2017. 《웹소설작가 입문》. 북바이북.

김용재. 2011. 〈게임 퀘스트 스토리텔링 구조분석: 프롭의 민담기능대입을 중심으로〉. 《한국콘텐츠학회논문지》 11(10).

김휘빈. 2017. 《웹소설 작가 서바이벌 가이드》. 이마.

린다 허천, 손종흠 외 옮김. 2017. 《각색 이론의 모든 것: 무엇을 누가 왜 어떻게 어디서 언제》. 앨피.

마샬 맥루한 지음, 박정규 옮김. 2001. 《미디어의 이해: 인간의 확장》. 커뮤니케이션북스.

박수정(방울마마)·유오디아·용감한자매·이재익·청빙최영진·이대성. 2016. 《도전! 웹소설 쓰기: 최고 인기 웹소설 작가들의 실전 특강》. 폭스코너.

배주영·최영미. 〈게임에서의 '영웅 스토리텔링' 모델화 연구〉. 《한국콘텐츠학회논문지》 6(4).

안상원. 2017. 〈웹소설 유료화에 따른 플랫폼과 서사의 변화 양상 연구〉. 《한국문예창작》 16(3).

오기 오가스·사시 가담, 왕수민 옮김. 2011. 《포르노 보는 남자, 로맨스 읽는 여자》. 웅진지식하우스.

이동은. 2012. 〈신화적 사고의 부활과 디지털 게임스토리텔링〉. 《인문콘텐츠》 27.

이이다 이치시, 선정우 옮김. 2018. 《웹소설의 충격》. 요다.

이재홍. 2009. 〈게임 스토리텔링 연구〉. 숭실대학교 대학원 박사학위논문.

장 보드리야드, 하태환 옮김. 2001.《시뮬라시옹: 포스트모던 사회문화론》. 민음사.

제이 데이비드 볼터, 김익현 옮김. 2010.《글쓰기 공간: 컴퓨터와 하이퍼텍스트 그리고 인쇄의 재매개》. 커뮤니케이션북스.

조지 P. 란도, 김익현 옮김. 2009.《하이퍼텍스트 3.0: 지구화 시대의 비평이론과 뉴미디어》. 커뮤니케이션북스.

존 스토리, 박만준 역. 2012.《대중문화와 문화이론》. 경문사.

최배은. 2017.〈한국 웹소설의 서술형식 연구〉.《대중서사연구》 23(1).

피에르 레비, 김동윤·조준형 옮김. 1997.《사이버 문화》. 문예출판사.

한국출판문화진흥원. 2017.《웹소설 산업현황 및 실태조사》. 한국출판문화산업진흥원.

한국콘텐츠진흥원. 2018a.《2018 게임이용자 실태조사 보고서》. 한국콘텐츠진흥원.

한국콘텐츠진흥원. 2018b.《IP 비즈니스 기반의 웹소설 활성화 방안》. 한국콘텐츠진흥원.

한혜원. 2005.《디지털 게임 스토리텔링》. 살림.

한혜원·조성희. 2009.〈구조주의 서사이론에 기반한 MMORPG 퀘스트 분석: '월드오브 워크래프트'를 중심으로〉.《한국콘텐츠학회논문지》 9(9).

게임동아. 2019.〈인간계 1위 오른 달빛조각사, 이후가 더 중요하다〉. (10월 15일). https://news.v.daum.net/v/20191015153016035?f =o

게임메카. 2018.〈소설과 게임으로 나뉜 위쳐, 그리고 드라마〉. (3월 1일). https://www.gamemeca.com/view.php?gid=1439103

경향게임스. 2014.〈소설 달빛조각사 남희성 작가, "기회 된다면 작품 게임화 시도해보고 싶다"〉. (3월 7일). http://www.khgames.co.kr/news/articleView.html?idxno=70396

남희성. 2017.〈달빛조각사 완결에 대해…〉. (7월 3일). 글쟁이 남희성님의 블로그. https://mblog.naver.com/postview.nhn?blogId=wargod80&logNo=221576648264&targetkeyword=&targetRecommendationCode=1

네이버 지식백과. terms.naver.com

더게임스. 2019. 〈'달빛조각사'에 거는 기대〉(10월 24일). http://www. thegames.co.kr/news/articleView.html?idxno=215590

동아일보. 2019. 〈동영상 홍수 속에서도 '글쓰기' 매력에 빠진 2030… 왜?〉. (8월 11일). http://www.donga.com/news/article/all/20190811/ 96919157/1

매일경제. 2017. 〈매출 30억 게임소설 뒤엔 글 지옥과 매일 사투 사연이〉. (2월 8일). https://www.mk.co.kr/news/business/view/ 2017/ 02/88590

문화일보. 2019. 〈웹소설 무한변신 기대 업고 '억대' 공모전까지 등장〉. (8월 1일). http://www.munhwa.com/news/view.html?no =2019080101032021320002

블로터. 2013. 〈카카오페이지에 뜬 구원투수, '달빛조각사'〉. (10월 21일) http://www.bloter.net/archives/167418

서울신문. 2019. 〈'장르'는 어떻게 주류가 되었나〉. (9월 22일). https://www. seoul.co.kr/news/newsView.php?id= 20190903024005& wlog_ tag3=daum

서울신문. 2019. 〈'하루 5분' SNS 하듯 쓰윽~4000억 시장 펼친 웹소설〉. (5월 27일). https://www.seoul.co.kr/news/newsView.php?id= 20190527025004

세계일보. 2019. 〈마이셀럽스, 카카오페이지에 'AI 키토크' 검색·제공〉. (8월 27일). http://www.segye.com/newsView/20190823507386?OutUrl= daum)

스타뉴스. 2018. 〈'드래곤 라자'부터 '달빛조각사'까지, 한국 판타지 소설의 게임 도전사!〉. (12월 31일). http://star.mt.co.kr/stview.php?no =2018123110433812785

아이뉴스24. 2019. 〈'고진감래' 엑스엘게임즈…'달빛조각사'로 반전〉. (10월 14일). http://www.inews24.com/view/1214589

에듀인뉴스. 2019. 〈웹소설 시장 성장세 따른 작가 지망생 증가…문피아 아카데미 화제〉. (3월 21일). http://www.eduinnews.co.kr/news/ articleView.html?idxno=12631

郭明溪. 2016.「《琅琊榜》受衆心理研究」.『視聽』9.

歐陽友權. 2014.「網絡文學的體制譜系學辯思」. 歐陽友權 主編,『網絡與文學變局』. 中國文史出版社.

馬漢廣. 2014.「網絡文學的間性存在與文學性」. 歐陽友權主編,『網絡與文學變局』. 中國文史出版社.

周賢春 · 將睿萍. 2016.「歷史劇中現實中的指涉與受衆需求探析: 以《琅琊榜》爲例」.『北方文學』9.

周晓红. 2008.「文化.价值观与社会心态」. 李培林 · 李强 · 马戎 主编,『社会学与中国社会』. 社会科学文献出版社.

郝建. 2008.『中国电视剧: 文化研究与类型研究』. 中国电影出版社.

王泓凱. 2019.「電視劇《琅琊榜》在新媒體環境下的傳播研究」.『青春歲月』2019年 第4期.

I Research. 2016a.『2016 中國數字閱讀行業研究報告』. http://report.iresearch.cn/wx/report.aspx?id=2978 (검색일: 2018년 3월 14일)

I Research. 2017a.『2017 Q1 中國數字閱讀行業研究報告』. http://report.iresearch.cn/report/201706/3013.shtml (검색일: 2018년 3월 14일)

I Research. 2017b.『2017 Q2 中國數字閱讀行業研究報告』. http://report.iresearch.cn/report/201709/3060.shtml (검색일: 2018년 3월 14일)

I Research. 2017c.『2017 Q3 中國數字閱讀行業研究報告』. http://report.iresearch.cn/report/201712/3105.shtml (검색일: 2018년 3월 14일)

I Research. 2016b.『網文江湖群英譜』. http://report.iresearch.cn/report/201612/2696.shtml (검색일: 2017년 7월 28일)

《中國電視劇産業發展報告2018》. http://www.sohu.com/a/ 226437684_152615

《中國電視劇産業發展報告2019》. http://www.sohu.com/a/ 304169360_613537